危機の中の北朝鮮

金正恩の守護霊霊言

大川隆法
RYUHO OKAWA

まえがき

おそらく、独裁者には、最期《さいご》の日が近づいている。それを本能的にキャッチしてか、この守護霊霊言は、本来〝泣き落とし〟で揺さぶってくるべきなのに、いつもながらの強気《つよき》で強硬《きょうこう》な意見に満ち満ちている。

アメリカや日本の指導者の家族にテロが及ぶかもしれないと脅《おど》すことで、米軍が攻撃を中止すると甘い期待を抱《いだ》いているとすれば、〝若さの驕《おご》り〟だけではなく、日々自分の生命が危険におびやかされていることを証明するだけだ。

緊急出版される本書は、はからずも北朝鮮トップの本心を明らかにしてしまった。

兵法では「戦わずして勝つ」ことが評価されるが、「戦わずして潔《いさぎよ》く負けを認める」ことも、トップにまだ仁徳《じんとく》があることを証明することにもなる。今がその時ではなかろうか。

二〇一七年　四月二十一日

幸福《こうふく》の科学《かがく》グループ創始者兼総裁《そうししゃけんそうさい》　大川隆法《おおかわりゅうほう》

危機の中の北朝鮮　金正恩の守護霊霊言　目次

危機の中の北朝鮮《きたちょうせん》　金正恩《キムジョンウン》の守護霊霊言《しゅごれいれいげん》

二〇一七年四月二十日　収録
幸福の科学　特別説法堂《せっぽうどう》にて

7 「日本を狙う」なら、どこか 113

「霊言現象《れいげんげんしょう》」とは、あの世の霊存在の言葉を語り下ろす現象のことをいう。これは高度な悟《さと》りを開いた者に特有のものであり、「霊媒現象《れいばいげんしょう》」（トランス状態になって意識を失い、霊が一方的にしゃべる現象）とは異なる。外国人霊の霊言の場合には、霊言現象を行う者の言語中枢《ちゅうすう》から、必要な言葉を選び出し、日本語で語ることも可能である。

また、人間の魂《たましい》は原則として六人のグループからなり、あの世に残っている「魂のきょうだい」の一人が守護霊《しゅごれい》を務めている。つまり、守護霊は、実は自分自身の魂の一部である。したがって、「守護霊の霊言」とは、いわば本人の潜在《せんざい》意識にアクセスしたものであり、その内容は、その人が潜在意識で考えていること（本心）と考えてよい。

なお、「霊言」は、あくまでも霊人《れいじん》の意見であり、幸福の科学グループとしての見解と矛盾《むじゅん》する内容を含《ふく》む場合がある点、付記しておきたい。

危機の中の北朝鮮《きたちょうせん》 金正恩《キムジョンウン》の守護霊霊言《しゅごれいれいげん》

二〇一七年四月二十日　収録

幸福の科学 特別説法堂《せっぽうどう》にて

金正恩《キムジョンウン》（一九八三？〜）

北朝鮮《きたちょうせん》の第三代最高指導者。金正日《キムジョンイル》前総書記の三男で、二〇一一年十二月の同氏の死去後、最高指導者の地位を世襲《せしゅう》。現在、朝鮮労働党委員長、朝鮮民主主義人民共和国国務委員長、朝鮮人民軍最高司令官等を務める。

質問者　※質問順

綾織次郎《あやおりじろう》（幸福の科学常務理事 兼《けん》「ザ・リバティ」編集長 兼 ＨＳＵ講師）

大川裕太《おおかわゆうた》（幸福の科学常務理事 兼 宗務《しゅうむ》本部総裁室長代理 兼 総合本部アドバイザー 兼 政務本部活動推進参謀 兼 国際本部活動推進参謀）

里村英一《さとむらえいいち》（幸福の科学専務理事〔広報・マーケティング企画《きかく》担当〕兼 ＨＳＵ講師）

［役職は収録時点のもの］

1　アメリカの戦略変更《へんこう》で窮地《きゅうち》に立たされている金正恩《キムジョンウン》

シリアやISへの攻撃《こうげき》で北朝鮮《きたちょうせん》にシグナルを送るアメリカ

大川隆法　北朝鮮《きたちょうせん》をめぐる情勢が緊迫《きんぱく》してきました。国際情勢については、もう少し総合的な観点からの判断も必要かとは思いますが、生きた人間が、現在ただいま、いろいろとやっていることなので、なかなか読みがたいところもあります。

北朝鮮は最近もミサイル実験等をやっていましたが、アメリカの大統領がトランプ氏に替《か》わったら、オバマ大統領時代とは多少違《ちが》ってきたようです。

オバマ大統領のときは、北朝鮮がいくらミサイルを撃《う》っても、あるいは、「水爆《すいばく》実験をやった」と言っても、結局、何もしなかったのですけれども、トランプ大統領は非常に速く反応しています。

今回の北朝鮮のミサイル実験の動きに対しては、まずはアラビア方面への攻撃《こうげき》を行うというかたちで、一つのシグナルを送りました。シリアのアサド政権が化学兵器を使って反政府勢力の支配地域を攻撃したことを受け、米軍は地中海の駆逐艦《くちくかん》からトマホーク巡航《じゅんこう》ミサイルを一気に五十九発も撃ち込《こ》んでいます。化学兵器を積んでいたシリアの飛行機が格納されていた飛行場を狙《ねら》って撃ち込むという、急な攻撃をしたわけです（二〇一七年四月七日）。

さらに、返す刀で、ＩＳ（イスラム国）の地下秘密組織があると言われているアフガニスタンのほうも攻撃しています。おそらく、あのあたりに彼らの指揮司令塔《しれいとう》と思われるアジトがあるようなのですが、そこに米軍は巨大爆弾《きょだいばくだん》を落としました。それは、核《かく》兵器ではないものの、通常兵器の爆弾としては〝史上最強レベル〟と言われるもので、半径六百メートル圏内《けんない》ぐらいは吹《ふ》っ飛び、地下にあるコンクリートの要塞《ようさい》であってもひとたまりもないほどの大きな爆弾を一発落とし、キノコ雲が上がったようです（四月十三日）。

これが、おそらく北朝鮮に対する〝シグナル〟であろうとも言われているわけです。

すべての選択肢《せんたくし》はテーブルの上に置かれている

大川隆法　これに対し、北朝鮮のほうでは、四月十五日に開かれた金日成《キムイルソン》主席の生誕百五周年の記念日に軍事パレードを行い、ＩＣＢＭ（大陸間弾道ミサイル）等も含《ふく》めた兵器を世界のメディアに公開し、軍事力を誇示《こじ》していました。

翌四月十六日の早朝には、中距離《ちゅうきょり》弾道弾かと思われるミサイルを打ち上げたものの、これは、発射直後、数秒のうちに上空で爆発したようです。

そのあと、アメリカのペンス副大統領が韓国《かんこく》に行って話をしましたが、昨日《きのう》（四月十九日）は日本にも立ち寄って会談し、さらに、日本に寄港中の米空母ロナルド・レーガンの甲板《かんぱん》に上がり、アメリカ海軍士官等を激励《げきれい》しました。

このような動きのなかで、アメリカは、ロナルド・レーガンと、北朝鮮に向かって北上中の空母カール・ビンソンの二隻《せき》態勢で圧力を加え、「いつでも攻撃はできるぞ。すでに準備は整っていて、すべての選択肢《せんたくし》はテーブルの上に置かれている」ということを示しているのでしょう。西部劇風に言えば、「銃《じゅう》を捨てよ。さもなければ撃つぞ。もう、おまえに選択肢はない。銃を捨ててホールドアップしなければ、われわれは撃つしかない」というような状態かと思います。

米中首脳会談中にシリア爆撃《ばくげき》を決行したトランプ政権の本気

大川隆法　そういうアメリカに対し、北朝鮮側も微妙《びみょう》な動揺《どうよう》は見せています。やはり、トランプ氏が登場したあと、中国の覇権《はけん》意欲が急速に縮んでいき、揺《ゆ》れ、〝スイング〟していることも影響《えいきょう》しているかもしれません。

例えば、習近平《しゅうきんぺい》主席を、フロリダにあるトランプ大統領のホテルのような別荘《べっそう》に呼んでもてなしている最中《さいちゅう》、デザートを食べるところで、「シリアをミサイル攻撃《こうげき》した」と伝えるような状況《じょうきょう》だったそうです。このアメリカというのは、今まで知っていた〝オバマ大統領のアメリカ〟とは違うアメリカでしょう。それは堂々たるものであり、〝昔あったようなアメリカ〟です。

したがって、「これは本気だな」ということで、中国は、覇権を取るということについても慎重《しんちょう》に考えて言わないといけない状態に置かれていますし、今、圧力がかけられているわけです。

この段階において中国に圧力をかけながら、「中国が（北朝鮮に対して）何もしないのであれば、われわれや、その同盟国だけで、単独ででもやる」というように言っているということです。まあ、結論は明らかです。

金正恩《キムジョンウン》守護霊《しゅごれい》が「話を聞いてほしい」と言ってきた真意

大川隆法　今は四月二十日の午後ということになりますが、お昼のあとに金正恩《キムジョンウン》氏の守護霊《しゅごれい》が来て、珍《めずら》しく、「大川先生」とかいう言葉を使ってきました。「あれ？　あらら？」と……。

里村　（笑）

大川隆法　「大川先生」などと丁寧《ていねい》な言葉を使って、「お疲《つか》れでしょうから、非常にリラックスされたかたちで構いませんので、私どもの意見をちょっとだけ聞いてもらえないでしょうか」と、やや下手《したて》に出ながら言ってきたのです。

その理由は何でしょうか。

もし、公式に記者会見をした場合には、それ自体を挑発行為《ちょうはつこうい》と取って、アメリカがいきなり撃ってくることもありえます。それは非常に危険なので、なかなか言いにくいところがあります。

しかし、「間接的に」ではありますが、日本の宗教が過去に何度か守護霊霊言《れいげん》をやっているので、ここを通して発言をすれば、情報としては入るでしょう（『温家《おんか》宝《ほう》守護霊が語る　大中華帝国《だいちゅうかていこく》の野望』『北朝鮮――終わりの始まり――』『守護霊イ

ンタビュー　金正恩の本心直撃！』〔いずれも幸福実現党刊〕『北朝鮮・金正恩はなぜ「水爆実験」をしたのか』〔幸福の科学出版刊〕等参照）。ただ、普通《ふつう》に取材をした確定情報ではないため、日本のマスコミなどは、すべては信じ切れずに半信半疑で聞くような感じにはなるでしょうが、内容だけは伝わります。

また、その内容は日本政府にも伝わり、アメリカにも伝わるでしょうが、実際に現地で取材したり、インタビューや記者会見で聞いたりしたことではないから、それに基《もと》づいて攻撃したりはできないでしょう。ただ、北朝鮮の言い分については、間接的には伝わるのではないかと思うわけです。まあ、けっこうよく考えた、〝巧《こう》妙《みょう》な手〟であるかもしれません。

それは、ある意味において、こちらが利用されようとしているのだと思いますが、われわれは軍隊を持って戦うわけではなく、暴力革命を目指しているものでもありません。やるべきことは、「真相・真実に迫《せま》ること」、および、「マスコミでは説き切れない『神の正義』や『地球的正義』の確立といった観点から見て、どう考え、どう行動するのが正しいのかというところに迫っていくこと」だと思うわけです。できれば、その考え方に基づいて、「人類の未来をどう建設するか」ということについて考えなければいけないのだと思います。

この霊言《れいげん》が、「何が正しいか」を考える材料になる

大川隆法　そういうことで、決してどこかの味方をしているというわけではないのですけれども、金正恩氏でさえ、さすがに、記者会見でアメリカに宣戦布告をするのは怖《こわ》いらしいということは分かりました。

そこで、守護霊の意見を少し聞いてあげることによって、「考える材料」として受け止めてみる。そのなかには、「虚勢《きょせい》」や、「はったり」もあれば、「嘘《うそ》」を言うこともあるかもしれないし、一部は「真実」、あるいは、「泣き言《ごと》」や「愚痴《ぐち》」も入るかもしれません。そのあたりのことを合わせた上で、真相に迫りたいと思います。

ただ、一方的に言われてもいけないので、質問者を用意して、やり取りをするな

かに、普通にマスコミ的な方法と同様、質疑をしていくなかで、「真相はどのへんにあるのかということを、読む人によっては、悟《さと》れる人は悟れるかもしれない」ということです。

　こうした内容が本になって出版されることになれば、おそらく、韓国や北朝鮮にも三日以内には伝わると思われますし、アメリカのほうでも、とうとう幸福の科学もＣＩＡ情報分析《ぶんせき》の対象になっているかとは思いますが、これも分析せざるをえないでしょう。あるいは、親切な「ザ・リバティＷｅｂ《ウェブ》」が英文にして発信してくれれば、即座《そくざ》に解析可能にもなりましょう。

綾織　やらせていただきます。

大川隆法　まあ、これは、オフィシャル（公式）な情報ではないかもしれませんが、少なくとも、一つの参考材料、判断材料ではあるので、何が正しいかを考える材料にはなると思います。

なお、トランプ大統領としては、おそらく、条件が整えばいつでも（北朝鮮を）攻撃する気はあるでしょう。したがって、（この霊言《れいげん》には）トランプさんが考えている北朝鮮像、あるいは、金正恩の人間像が正しいかどうかに対して、（金正恩守護霊）本人からの〝ソクラテスの弁明〟風の反論があるのではないかと思うのです。そこで、このへんについて聞いてみようかと考えています。

ちなみに、昨夜、テレビ朝日の「報道ステーション」を観《み》ていたら、今まで日本のメディアには一度も公開したことはない残留日本人が取り上げられていました。要するに、戦争中に北朝鮮に住んでいて、そのまま帰れなくなった人です。当時、十歳《さい》代の日本人の女性が、今、八十四歳のおばあさんになっていました。わざわざ、平壌《ピョンヤン》から百九十キロ離《はな》れたところまでバスか何かで連れていき、取材をさせていましたが、そのなかで残留日本人の女性に日本の歌を歌わせたりしていたのです。

そこから感じられるのは、「北朝鮮には、日本人も住んでるんだぞ。アメリカが無茶苦茶《むちゃくちゃ》に攻撃したら、残留している日本人だって死ぬことになる。それでいいのか」ということでしょう。揺さぶりではあるし、情に訴《うった》えて絡《から》めようとしているのは確実だと思われます。

ただ、その百九十キロの道のりのなかで、車の窓から見えていた景色は、見渡《みわた》すかぎり、荒《あ》れて痩《や》せた農地でした。それくらいしかなかったのです。やはり、「こんな貧しい国が、アメリカと本当に事を構える気なのだろうか」という感じは、私自身も受けました。

そういう意味で、今後、両方の揺さぶりが来るでしょう。おそらく、強気になったり、弱気になったり、両方があるとは思います。

ともかく、短時間ではありますが、金正恩の人物像と本音に迫れるかどうか、やってみましょう。トランプさんの考えはストレートに来ますが、彼に伝えるべきことがあるのかどうか、ということになるのかもしれません。要するに、「情状酌量《しゃくりょう》の余地があるのか」。あるいは、「判断に踏《ふ》み切るに当たって考慮《こうりょ》しなくてはいけない案件があるのか」。このへんのところを探《さぐ》れたら幸いかと思います。

私どもにできるのは、こんなことぐらいかもしれませんが、日本の外務省や内閣も、多少は参考にすることもあるでしょう。また、マスコミとしても、善悪を判断する意味で、水面下では、けっこう幸福の科学の情報を読んでいるようです。したがって、「攻撃する側に立つか、攻撃しない側に立つか」の判断材料にはなるだろうと思います。

それでは、北朝鮮の第三代の指導者であります金正恩さんの守護霊を幸福の科学にお呼びいたします。

北朝鮮側の意見、最高指導者としての意見、さらには、アメリカ、あるいは、トランプ大統領、その他、国際社会に対する意見、日本に対する意見、安倍《あべ》政権に対する意見等があろうかと思うのです。そのへんを、当方の質問者三名からの質問に答えるかたちで、本音を明らかにしてくだされればありがたいと思います。

今、世界のマスコミで、直接取材できる人はいません。そこで、間接的ではあるし、遠回りではあるかと思いますが、「守護霊インタビュー」というかたちにて、金正恩さんの深層心理といいますか、本音に迫ってみたいと思います。その心の内を明かすのは、宗教としてできうる一つのやり方かと考えております。

それでは、北朝鮮指導者、金正恩さんの守護霊よ、どうぞ降りてくださって、われわれに、そのお言葉を下されば幸いです。

（約五秒間の沈黙《ちんもく》）

2　トランプ政権の誕生は「予想しなかった」

「ＩＣＢＭはもう完成している」と語る金正恩守護霊

金正恩守護霊　うん、うん。

綾織　こんにちは。

金正恩守護霊　ああ。金正恩です。

綾織　今回で、五回目の守護霊霊言《れいげん》ということです。

金正恩守護霊　ああ、そうですか。じゃあ、君たちとは〝旧友〟のような感じになるのかなあ。

綾織　（笑）まあ、友達になれるかどうかは、今日のお話を伺《うかが》ってみないと何とも言えません。

金正恩守護霊　もう、元は同一民族だろう、たぶんな。

綾織　日本が元々なのかもしれませんけれども。

金正恩守護霊　君らは、きっと高麗《こうらい》のほうから渡《わた》って行ったんじゃないかなあ。だから、同民族なんじゃないかな。先祖だよ、われわれは、君らの。

綾織　いや、逆だとは思います。

金正恩守護霊　そうかなあ。

綾織　今日は、「危機の中の北朝鮮《きたちょうせん》」ということで、世界で最も注目を集めているホットポイントになっておりますので。

金正恩守護霊　ほおー。危機ねえ。どこが？　アメリカが危機なんじゃないか？今。

綾織　アメリカが危機ですか。

金正恩守護霊　アメリカは、もう、亡国の危機だろう。

綾織　亡国なんですか。

金正恩守護霊　間違《まちが》った大統領を選んで、国を滅《ほろ》ぼそうとする寸前まで、今来てるからねえ。亡国の危機だよ。

綾織　なるほど。トランプ大統領が判断を間違えているわけですか。

金正恩守護霊　だから、百日で大統領を辞《や》めなきゃいけなくなる危機が来てるんじゃないかなあ。

綾織　今、まさに北朝鮮が核《かく》開発をし、ミサイル開発をして、アメリカをも脅威《きょうい》に陥《おとし》れているということで、それに対して……。

金正恩守護霊　そうだなあ。北朝鮮が「世界の中心」になったんだなあ、とうとう。

綾織　まあ、「世界中が注目している」という意味では、中心なのかもしれませんね。

それで今、アメリカの空母が北朝鮮の方面にも近づいていっていますし、これから、金正恩委員長の出方次第《しだい》では、アメリカも攻撃《こうげき》を加えるという情勢になっております。これ自体、どのように受け止められていますでしょうか。

金正恩守護霊　まあ、空母が攻撃をするということになりましたら、同時にですね、ワシントンに向かってＩＣＢＭが飛んでるだろうねえ。

綾織　これはもう完成しているんですか。

金正恩守護霊　うん！　もう完成してらあ。

綾織　ただ、「実験としてはまだ終わってはいない」という、アメリカなどの分析《ぶんせき》になっています。

金正恩守護霊　いやあ、それは実験してみせますよ。アメリカは広いからねえ。まあ、当たるとは思うよ。

ミサイルの発射実験は「〝上手に〟失敗した」

大川裕太　ただ、報道によると、先日の四月十五日の軍事パレードで登場したICBMには、先端《せんたん》に、ミサイルが突《つ》き出てくるときに必要であるはずのキャップと本体との間に継《つ》ぎ目がなく、もしかすると、これはただの模型であって、本当は、ミサイルは入ってはいないのではないかという指摘《してき》もありました。

金正恩守護霊　ほんとに大事なものは、そりゃあ、ちょっと隠《かく》してるところもあるからね。あそこでテロとか起こして、爆破《ばくは》されてもいかんしさあ。あそこを狙《ねら》って、もしミサイルとか飛んできてはいけないからね。まあ、大事なものは隠してるから、全部、本物を出すとは……。レプリカっていうことはあるわな。それはねえ、「持ってない」っていうわけじゃない。

大川裕太　なるほど、なるほど。

綾織　四月十五日に核実験がなされるという分析、観測がありまして、トランプ大統領がこれに対して圧力をかけたということなんですけれども、その結果、ペンディング（保留）されたんですか。どういう状態なんでしょうか。

金正恩守護霊　まあ、核実験か、発射実験か、どっちかだけど。とにかくね、一歩一歩前進していることは間違いないわなあ。

あいつは〝キレやすい男〟だからな、トランプはな。だから、核実験と言うと、なんか攻撃のゴーサインに捉《とら》える可能性があるから、いちおう、「諸情勢を見極《みきわ》めて」ということにはしているがなあ。

でも、四月二十五日の、軍の（創建）八十五年記念と、あるいは、韓国《かんこく》の大統領選とかも、五月にはあるしね。まあ、いろいろと、まだ節目《ふしめ》はあるわなあ。

綾織　四月十六日にはミサイルの発射実験を行いましたけれども、これは失敗したということですか。

金正恩守護霊　いやあ、非常に〝上手に〟失敗したんでねえ。

綾織　わざとなんですか。

金正恩守護霊　日本の近海で落とした場合は、それが最後通告に見える場合もあるから。まあ、飛ばないうちに、非常に〝上手に〟自動起爆装置で爆破したんだ。

綾織　それは、かなり巧妙《こうみょう》ですね。

金正恩守護霊　だから、もし三沢《みさわ》基地に飛んでるとか、沖縄《おきなわ》に飛んでるとか、グアムに向かってるとか、「まっすぐに線を引いたら、ここ」とはっきり分かればね、それは攻撃とみなすということができるから。そこまで行かないところで、領海内で爆破させたということだなあ。

綾織　それは、「トランプ大統領の圧力が効いている」というふうに見てよろしいんでしょうか。

金正恩守護霊　いやあ、そうではないかもしれないけど。「まだ完成していない」と見せてるだけかもしらんからね。われわれだって、自爆装置を持ってるから、ミサイルのね。だから、自爆はできるから。

まだ幼稚《ようち》だと見せて、油断させといて、ほんとは百発百中っていうところをズバッと見せるかもしれないからねえ。

里村　ただ、最近、ミサイルの失敗が相次いでいますけれども、国際社会のなかでは、「アメリカのハッキングによって指令系統のほうに齟齬《そご》をきたして失敗している」という見方も出ています。

そうではなくて、金委員長のほうとしては、「あまり刺激《しげき》しすぎないように自《みずか》ら失敗しているんだ」と。

金正恩守護霊　まあ、北朝鮮の言葉を使った会話とか、指示とか、コンピュータのとか、語学のできないアメリカ人にそんなもん読めるわけないじゃない。それは無理だよ。無理だ。

里村　言語の問題だけでもないと思うんですけれども。つまり、先ほどから金委員長の守護霊がおっしゃっているのは、要は、「トランプ大統領からロックオンされたくない」ということだと受け止めてもよろしいですか。

金正恩守護霊　ロックオンというか、まあ……。十五日は大会があって、居場所が分かってるからね。まだ近辺にいるのは分かってるだろうから。やっぱり、攻撃するとしたら潜伏地《せんぷくち》を考えなきゃいけないからねえ。相手の持ってる武器から考えて、やってくる攻撃は考えなきゃいけないし。
海外から来てるマスコミの人たちは、ゲストとして優遇《ゆうぐう》せないかんからさあ。それは逃《に》がさないように、確実に押《お》さえなければいけないので。そのへんも考えた上で、まあ、考えなきゃいけないからねえ。

しきりにトランプを揶揄《やゆ》する金正恩守護霊

大川裕太　そもそも、トランプ大統領が就任する以前は、去年も、二〇一六年一月に水爆実験をしたり、それから、ノドンの発射実験や、SLBM（潜水艦《せんすいかん》発射型ミサイル）の発射を成功させたりしておりましたけれども。オバマ政権のときは特に反撃も何もなかったわけですが、トランプ政権になってから、急に、ちょっと〝きな臭《くさ》く〟なってきました。

金正恩守護霊　アメリカ人は狂《くる》ったんじゃないかねえ。世界がヒラリー・クリントンを望んでたのに、どうしてこういうことになったのか。選挙に不正があったのではないかなあ。だから、選挙をもう一回やったほうがいいんじゃないかなあ。

里村　つまり、トランプ大統領というキャラクターの登場は計算外であった?

金正恩守護霊　うん、予想しなかった。日本も予想してなかったんだろう?　外務省もなあ。

ヒラリーだったら、(アメリカは)中国に外交使節を飛ばして、中国と交渉《こうしょう》して、「(北朝鮮に)圧力をかけるように」って言って、今のとこ終わりだろうなあ。

トランプはちょっとクレイジーだろ?

綾織　では、クレイジーな人だとして、トランプ大統領とは、どういう着地点というか、落ち着き具合にしたいんでしょうか。

金正恩守護霊 私はインテリだけども、トランプっていうのは、金儲《かねもう》け専門の人間だろ? だから、おそらく軍需《ぐんじゅ》産業で金を儲けようと考えてるに違いないから。株とか、いっぱい持ってるんじゃん。あれ、調べたほうがいいよねえ。株をガッと上げて儲けようとしてるに違いないなあ。たぶん、そうだ。

アメリカに雇用《こよう》を生もうとしてるからさあ、戦争が欲《ほ》しいのさ。どっかで戦争が欲しいから、悪人がいなきゃいけないわけで。われらは、彼らを食わすためのインディアンにされてしまってな。〝西部劇のインディアン〟になってるんじゃないかなあ。

だから、イスラム教徒もかわいそうだよ。イスラム教徒とも手を組みたいぐらいの気持ちだな、今なあ。

綾織 そういう読みでありますと、どこかでトランプ大統領が決断をし、北朝鮮の基地とかを攻撃するということになりますよね。

金正恩守護霊　いやあ、「儲けたい」と考えてるから。今は、軍事攻撃だけじゃなくて、「軍産複合体の大儲け計画」を立ててるとこなんじゃないかなあ。どうやったら長く儲かるかを考えて、「景気回復」と、「財政赤字を消すための方法」を、今考えてんじゃないかなあ。

大川裕太　それは、一つの見方としてあるとは思いますけれども。

金正恩守護霊　そうだろう？

大川裕太　ただ、「北朝鮮がアメリカ本土に届くようなＩＣＢＭまで開発した」というのは、これは間違いなく、アメリカにとっては、レッドラインを超《こ》えたと見るだろうという計算はございましたよね。

金正恩守護霊　レッドラインを超えたっていうか、〝自分たちが死ぬ危機が来た〟ということだわなあ。それは、〝死神《しにがみ》の手が及《およ》んだ〟ということだな、アメリカにな。「対等になった」ということだ。

綾織　〝死神〟なんですか。

金正恩守護霊　まあ、アメリカにとってはな。世界にとっては〝幸福の女神《めがみ》〟だけどな。

綾織　そんなことはないと思います（苦笑）。

里村　今、たいへん重要なキーワードをおっしゃいました。「対等になった」と……。

金正恩守護霊　うん、対等になった。

3　金正恩守護霊が想定する「三つのシナリオ」

「アメリカの空母が沈《しず》む可能性は五十パーセント」

里村　ただ、歴史が示すところでは、「覇権《はけん》国家に対して対等になろうとしたときに滅《ほろ》びが始まる」という一つの法則がございます。

金正恩守護霊　そんなことはないよ。君は、そりゃ、先入観が強すぎるよ。みんな、勝てるかも分からんと思うから、戦争もするし、喧嘩《けんか》もするわけで。やってみないと分からないからね。それはそうだから。

この前、中国をフロリダで懐柔《かいじゅう》して、しばらくは動けないように〝麻痺《まひ》させた〟んだと思う。あれはもう、メラニア（トランプ大統領夫人）か何かをちょっと寝室《しんしつ》に忍《しの》び込《こ》ませて、〝落とした〟かもしらんから。まあ、悪い手を使う男だからねえ。そういうこともあるかもしれないけど。

それと、ヨーロッパは動けないし、シリアのがあるから。まあ、ロシアは今、ちょっと（北朝鮮に）接近しようとしてるとこではあるんだが。

中国のほうを封《ふう》じられると、ちょっと、まあ……。ロシア、シリア、イラン、北《きた》朝鮮《ちょうせん》あたりが組んでる感じで、イスラムのほうの過激派まで煽動《せんどう》できると、ちょっと話が大きくなるんだがなあ。

大川裕太　四月十四日の段階、金日成《キムイルソン》元主席の生誕日前日には、鴨緑江《おうりょくこう》、北朝鮮と中国との国境付近に、すでに（中国の）人民解放軍の地上部隊が集結しているという情報もございました。

金正恩守護霊　いや、しょっちゅう集まってるよ。しょっちゅうなあ。しょっちゅう集まって、何しに来てるんだ、あれ。食糧《しょくりょう》を届けに来てるのかなあ。

いや、アメリカが下手《へた》なことをして、上陸なんかをかけようとするときには、バーッと人民解放軍が入ってくる気でいるのかもしらん。

大川裕太　今、アメリカがあなた様のところに、ミサイルを撃《う》ち込むなり、あるいは空母から航空機で空爆《くうばく》を仕掛《しか》けてくるなりする可能性は、どのくらいあると見積もっていらっしゃいますか。

金正恩守護霊　まあ、うちが撃ち込まれる可能性が五十パーセント。

大川裕太　おお。

金正恩守護霊　空母が沈《しず》む可能性が五十パーセント。

大川裕太　おお。

金正恩守護霊　まあ、そのくらいかなあ。

里村　率直《そっちょく》な感想としてですね、金委員長は、アメリカによるシリア空爆をご覧になって、どう思われましたか。

金正恩守護霊　まあ、動かないものに当てるのは、それは簡単だろうね。それはそうだろうけど。こちらは、移動式ミサイルを、今、全国拡散中だからね。そんな簡単ではないよ。

里村　なるほど。

ただ、大規模な基地が存在していますので、トランプ氏の本気というものを身近なものとして感じられたことはございませんか。

金正恩守護霊　いやあ、甘《あま》いなあ。そういう近代兵器っていうか、時代の先端《せんたん》を行くような兵器だけで戦えると思ったら間違《まちが》いで。意外に、戦争っていうのはねえ、いろんな時代のものを組み合わせることが大事なんですよ。

綾織　となりますと、トランプ大統領が攻撃《こうげき》を決断したときに、もちろん、北朝鮮としては反撃してくるわけですけれども、どういう動きになりますか。

金正恩守護霊　だから、潜水《せんすい》服を着て、ゴムボートに乗って、夜陰《やいん》に乗じて空母に近づいて、空母が行く進路に機雷《きらい》を浮《う》かべてるだけでも引っ掛かる。「ボーン！」っていうことだってあるわけだからねえ。

アメリカの北朝鮮攻撃《きたちょうせんこうげき》で起こる「三つの反撃」とは

綾織　「トランプ大統領が攻撃《こうげき》してきた時点で、北朝鮮《きたちょうせん》の軍としては、韓国《かんこく》に対して攻撃を仕掛ける」と考えてよろしいわけですよね？

金正恩守護霊　うーん。

大川裕太　それか、日本に対してですか。

金正恩守護霊　まあ、〝何種類〟かは考えてはおりますけどねえ。もちろん、韓国は……、これはもう、発射することさえできれば、韓国に被害《ひがい》が出ることは確実なので、早いうちに大きな被害を起こせば、「戦争の拡大は止《や》めたい」っていう判断は働いてくるから。

「これが続いたら、韓国は火の海になって、人っ子一人いなくなる可能性がある」と思ったら、「アメリカから、ゆっくりと攻撃機が飛び立って……」なんていうようなことをやってられる暇《ひま》はないからねえ。まあ、グアムから飛んでくるのに四時間や五時間かかるけども、こちらが攻撃するには、五分か十分あれば十分だからねえ。

だから、何千門の砲門《ほうもん》が一斉《いっせい》に火を噴《ふ》いたら、ソウルなんか火の海だから、ほんの五分もありゃあ。

大川裕太　実際に、それがクリントン政権以来、アメリカが北朝鮮に対して直接的な武力行使ができず、六カ国協議等を通じて交渉《こうしょう》する方法を選んだ理由の一つではあります。

金正恩守護霊　飛行機より速いんだよ。うちはもう砲門が並んでるから、バーンッと撃って。板門店《はんもんてん》にあるやつをバーンッと。

この砲門を全部いっぺんに潰《つぶ》せるかといったら、潰せやしないよ。だから、絶対に当たるからさ。大被害が報道されたら、まあ、ソウルからだったら報道されるだろうから、報道されたとたんに、「(トランプ)大統領の大チョンボ」ということになるわなあ。これが、第一波。

もう一つは、アメリカに軍事基地を供与《きょうよ》している日本の米軍基地を狙《ねら》った攻撃を同時に考えなきゃいけないよなあ。

当たるかどうかは分からんけれども、「米軍基地を狙って攻撃した」ということが分かるぐらいのところには、攻撃はかけるべきだろうな。そうすると、日本の左《さ》翼《よく》マスコミと左翼の政治家や言論人たちがワーッと騒《さわ》いで、反戦運動を始めるわなあ。まあ、これが二つ目だよな。

三つ目は、やっぱり、「アメリカ本土が攻撃された」っていう、真珠湾《しんじゅわん》以来の……、あと、ワールドトレードセンター以来の衝撃《しょうげき》? まあ、本土を攻撃されるっていうのがいちばん怖《こわ》いだろうからねえ。

里村　うーん。

金正恩守護霊　まあ、考えてるものは、少なくとも幾《いく》種類かはあるから。それは、何カ所かからは攻撃できるようになっておるので、同時に潰せなかったら、必ず、米本土に向かって飛んでいく。

だから、この三つは同時に起きる。

「『ホワイトハウス・ダウン』を恐《おそ》れたほうがいいよ」

里村　今、お伺《うかが》いした三つのシナリオについては「なるほど」とは思うし、今までの、通常のリーダーが相手であれば、通じたかもしれない一つのブラフ（はったり）であると思います。

ところが、今回アメリカの大統領になった方は、やや「ダーティハリー」風というか、「人質《ひとじち》を取られていようが何だろうが、やるものはやる」というタイプなので、こういうところは、少し計算が……。

金正恩守護霊　甘いなあ。あのね、(里村を指して)あんたねえ、バカにしとるだろ。北朝鮮っていうのは、無学な人がいっぱいいると思っとるだろう。だけど、私はねえ、ヨーロッパにだって留学はしてるしねえ、アメリカのハリウッド映画なんていうのは、もうね、個人でいっぱい持ってて、研究し尽《つ》くしとるんだから。「アメリカ人の性質」というか、「考え方」っていうのを緻密《ちみつ》に研究してるからねえ。あらゆる手段を考えてるので。

まあ、「ホワイトハウス・ダウン」を恐《おそ》れたほうがいいよ。もう、そこまで手を打ってるかもしれないから。外から攻撃が来ると思ってるかもしれないけど、もう〝すでに中に入っている〟かもしれないからね。

●ホワイトハウス・ダウン　2013年公開のアメリカ映画。元軍人で議会警察官の主人公が、ホワイトハウスで発生したテロ事件に巻き込まれるも、大統領を護りつつテロリストと戦うというストーリー。

だから、攻撃をかけようとしたら、中のほうでテロが起きる。アメリカは、その内部のテロで追われると大変なことになるからな。

この前、イスラムテロ（二〇〇一年の「9・11テロ」）で、ワン・ワールドとトゥ・ワールドへ行ったけども、あそこで潰せなかったものが幾つか残っておるからな。そのあたりをやってやるよ。今回こそは、エンパイア（ステートビル）とか一発ぶっ飛ばしてやるとスキッとするし、リンカンの像がある、あのへんのねえ、彼らが好きな、大統領演説するところ？　あのあたりもぶっ飛ばしてやって、世界中に報道されたら、スキーッとするだろうなあ。

4 朝鮮《ちょうせん》統一の野望とトランプ暗殺計画!?

金正恩は、金正男《キムジョンナム》暗殺の指示を出したのか

綾織　今までの北朝鮮《きたちょうせん》情勢との違《ちが》いとしては、中国が、ポーズだけなのかもしれませんが、アメリカと少し歩調を合わせて、「北朝鮮包囲網《ほういもう》」をつくりつつあるところです。

要するに、アメリカだけ相手にしていていいのかと言うと、そんなこともなくて、もしかしたら、中国も、本当に国境を越《こ》えて来る可能性がありますよね。

金正恩守護霊　そんなの、「次の冷戦」に備えておるから、中国は、ヨーロッパの買収に入っているし、アフリカとか、イスラム教の国あたりにも足場をどんどんつ

くっているとこだから。うーん、そんな簡単ではないし、一本槍《いっぽんやり》でもないわね。習近平《しゅうきんぺい》に晩飯《ばんめし》を食わせたぐらいで、そんな簡単に全部が転びはしない。習近平が裏切るようだったら、なかで革命が起きて、追い出されることになるだろうから、中国全体は動かない。そんな簡単には動かないな。

やっぱり、（中国は）「北朝鮮は自分らの同胞《どうほう》だ」と思って護《まも》ってたけど、あなたねえ、戦後七十年以上、三十八度線で止まっているっていうのは、それだけ力が拮《きっ》抗《こう》してるっていうことだからなあ。

綾織　ただ、二月に、マレーシアで、金正男《キムジョンナム》さんが暗殺されました。中国が一つのカードとして、金正男政権を立てるのではないかという話が、今までもずっと出てきていたわけですが、やはり、これを心配され、排除《はいじょ》したいということだったんですよね？

金正恩守護霊　いや、それは国益に適《かな》うことでしょう。だって、傀儡《かいらい》（政権）を目指せるような人だから。まあ、「東京ディズニーランド」で、とっ捕《つか》まるような人なんで、ほんと、（頭を指して）ここがもう知れてるから。やっぱり、いちばん優《ゆう》秀《しゅう》な三男が、今、立ってるわけだから。それは、バカな兄貴とか、道具に使われそうなやつは……。

綾織　なぜ、このタイミングで暗殺の指示を出されたのですか。

金正恩守護霊　指示なんか出してないですよ。〝忖度《そんたく》〟ですよ。

綾織　ああ、忖度（苦笑）。

金正恩守護霊　日本で今、流行《はや》ってる〝忖度〟。

綾織　（苦笑）優秀な方がいらっしゃるわけですね。

大川裕太　ただ、金正恩委員長の特徴《とくちょう》として有名なポイントとしては、「即断即決《そくだんそっけつ》」ということが言われています。やると決めたら即実行というのが、金正恩委員長の特徴だと言われていると聞いています。

金正恩守護霊　頭の回転が速いからなあ。

大川裕太　はい。ですので、直前に何か、決断をされたのではないですか、「(金正男氏を）殺せ」というような……。

金正恩守護霊　いやいや、私は、「ホワイトハウスを潰《つぶ》せ」ぐらいの命令は出しますけど、そんな小さなことは、私ごときが出したりしない。その程度は、うちの妹ぐらいが命令を出せばやれます。

綾織　妹さん（●金与正《キムヨジョン》）の影響力《えいきょうりょく》がかなり大きいと言われていますね。

金正恩守護霊　だからねえ、そういう、シークレットな部分はやってるわなあ。私のだいたいの考えはもう分かってるからね。それを具体的に指示するのは……、私の指示した証拠《しょうこ》が残るみたいなことは、それは、何かのときに漏《も》ればまずいでしょ。だから、それは、日本語どおりだ。「忖度政治」なんだよ。偉大《いだい》な方のお心を忖度せな、いかんで。

朴槿恵《パククネ》大統領の罷免《ひめん》は北朝鮮《きたちょうせん》スパイの工作だったのか

大川裕太　私が、「金正恩さんは、すごくしたたかだなあ」と思ったのが、韓国《かんこく》の

●**金与正**（1987～）　北朝鮮第二代最高指導者・金正日の四女。金正恩の実妹。朝鮮労働党中央委員会委員で、宣伝扇動部副部長。2017年1月、米財務省は、北朝鮮の言論統制などの人権侵害に関与したとして、金与正氏を制裁対象に指定している。

朴槿恵《パククネ》大統領を辞任させて、罷免《ひめん》していく流れ……。

金正恩守護霊　うん。

大川裕太　あれは北朝鮮の工作ですよね？

金正恩守護霊　あれもねえ、私の意向を忖度して、韓国人が動いてくれたので。まあ、いいことだなあ。

大川裕太　韓国の左翼《さよく》に相当する「共に民主党」という党は、反体制派の政党で、かつての金大中《キムデジュン》さんの政党の流れを汲《く》む政党なのですが、この党は、歴史的には基本的に、北朝鮮のスパイですよね。

●共に民主党　韓国の政党で、最大野党。2016年4月の第20代総選挙では、123議席を獲得し、セヌリ党を上回って第一党に浮上した。

金正恩守護霊　まあ、スパイではないけども、私たちに資金援助《えんじょ》してくれようとしてくれる〝友軍〟だな。

大川裕太　はい。そうですね。

金正恩守護霊　それが、今ナンバーワンだろ？　トップを走っとるよな？

大川裕太　はい。

金正恩守護霊　これで当選してもらいたいな。なるべくなあ。

大川裕太　あなたの目的としては、韓国大統領選をつくり出して、政治的空白をつくることなのか。それとも、「共に民主党」政権をつくって、親北政権をつくるこ

●金大中（1924 ～ 2009）　韓国第 15 代大統領。1960 年、国会議員に当選。1973 年、東京で韓国情報機関に拉致される（金大中事件）。1998 年、大統領に就任。北朝鮮に対する宥和的外交を提唱し、2000 年、平壌を訪問して、金正日総書記と初の南北首脳会談を行った。

とが目的だったのか。どちらなのでしょうか。

金正恩守護霊　両方。まあ、どっちでも考えているけども、それは、親北政権ができて、資金援助がちょっと欲《ほ》しいからねえ。資金がねえ。それをしてもらえば、それで、米軍を追い払《はら》い、日本から在日米軍基地を追い払うっていうところあたりにターゲットを決めて、統一朝鮮をつくって。まあ、私が、〝朝鮮半島統一のナポレオン〟になるっていうことがいいわなあ。

大川裕太　統一まで考えていらっしゃるのですか。

金正恩守護霊　ああ、そう、そう。若いもん。

大川裕太　（笑）

金正恩守護霊　三十四だから。なあ？　あと三十年、現役《げんえき》であれば、統一はできるでしょ。

綾織　まさに、文在寅《ムンジェイン》候補（共に民主党）が、「南北の連邦《れんぽう》制」と言っています。これは、実質的には統一国家になりますね。

金正恩守護霊　だけど、うちは核《かく》兵器を持ってて、向こう（韓国）は持ってないんだから、私が大統領で、あちらが首相かなんかをやるぐらいの感じでしょ？

「トランプ大統領暗殺部隊をすでに送っている」

大川裕太　冷戦期のころから、さまざまな揺《ゆ》り戻《もど》しというか、統一、連邦制にしようという言論自体は、昔からあるんですけれども。韓国では、左派の意見がおおむねそれに近いと思います。ただ、韓国はアメリカと同盟しておりますし、去年、韓国から、在韓米軍の陸上部隊を全部撤収《てっしゅう》する予定ではあったんですけれども、トランプ政権においては、「韓国は絶対死守する」というように出ると思うんですね。

金正恩委員長の統一の目的のためには、どのような手段を使っていけば、統一に漕《こ》ぎつけるのでしょうか。

金正恩守護霊　いやいや、トランプ政権だって、そんなにねえ、四年ももつとは思ってないので。今は、アメリカにいる、ねえ？　潜《もぐ》り込《こ》んでいるところのコリアンからチャイニーズあたりのなかには、アメリカのリベラルのほうを勝たそうとしている人たちがそうとう入って、ロビイストもやってるし、政治の資金援助もしているし、工作もしてるから。トランプのスキャンダル失権・失脚《しっきゃく》を狙《ねら》っていますので。ハリウッドあたりでもやってるし、ワシントンでもやってるし。

だから、下手《へた》な攻撃《こうげき》をして、甚大《じんだい》な被害《ひがい》を出してしまった場合には、「トランプ嫌《ぎら》い」がさらに増えて、あるいは暗殺されるということもある。まあ、暗殺部隊もすでに送ってはあるので。

里村　ああ、そうですか。

金正恩守護霊　ええ。アメリカ国内には、トランプ暗殺部隊は入ってるので、あんまりいい格好して、自分のホテルとか、リゾートだとかをウロチョロしておったら、反対側のビルから狙撃《そげき》されるよ。これは、今までの大統領になかったことだから。

今までの大統領は、もうちょっと堅固《けんご》な政府の建物中心に動いてたけど、彼は、ビジネスマンとしての〝隙《すき》〟があるからね。「個人の生活」とか、「プライベートの部分」があるので。トランプホテルあたりで狙撃とかいうようなことは、十分ありますよ。恐《おそ》れたほうがいい。

里村　金委員長としては、「本当にそういった危険があるんだぞ」、「今、狙われているのは、私じゃなくて、むしろ、あなたなんだ」ということを伝えたいわけですか。

金正恩守護霊　そのとおり。だから、あんたね、私の頭上にミサイルを落として、私を爆死《ばくし》させようとするのと、銃《じゅう》の国・アメリカで、銃をいくらでも、アメリカ人とおぼしき者はだいたい持てるところでね、プールサイドで遊んだり、酒飲んだり、女の子のお尻《しり》を触《さわ》ってるやつを狙撃するのと、どっちが簡単かねえ。

里村　まあ、トランプ氏は、酒は飲まないんですけれども。

金正恩守護霊　ええ？　飲まないのか。

里村　はい。

金正恩守護霊　まあ、いいけど。ウロチョロしとるんだろうからさあ、大きな体で。あの体、あんた（里村）と一緒《いっしょ》で、的《まと》としては、実に絶妙《ぜつみょう》な的だから。

里村　いえ、いえ、いえ、いえ（苦笑）。

綾織　それについては、人のことは言えないと思います。

里村　委員長も同じです（笑）。

金正恩守護霊　外しようがない。私は、スマートで、いい体型してるとは思うんだけど、あれは外しようがないねえ。だから、オリンピック級の選手に狙わせたら、まず外さないね。一キロぐらい離《はな》れてるところから狙われたら、まず防げないね。

防ぎようがないじゃない。

綾織　今日伺《うかが》っている話からすると、トランプ大統領は、もう絶対……。

金正恩守護霊　絶体絶命よ。

綾織　いえ、トランプ大統領は、金正恩委員長を、絶対に許さないと思います。

金正恩守護霊　だから、「私を殺《や》る前に、殺られてる」って言ってるんだ。要するに、〝早撃《はやう》ち〟でしょ? ガンマンでやって、インディアンを殺ろうと思ってるけども。弓矢の力はガン（銃）には勝てないと思ってるかもしらんが、木の上に座《すわ》ってて狙ってたら、下に撃ったら終わりなんだっていう、それを知らないといけないよな。

5　実際には、「命の危険」にさらされている

「CIAの朝鮮《ちょうせん》語要員は、うちのスパイ」

大川裕太　ただ、アメリカにもCIAがございまして、そういった動きについて、事前にチェックしている部分はかなり多いのではないでしょうか。

金正恩守護霊　CIAはねえ、朝鮮《ちょうせん》語は知らんのよ。もう、ほとんど使えないから。使える人は一部しかいないけど、朝鮮の言葉を使えるCIAっていうのは、ほとんど、うちの間者《かんじゃ》、スパイだからさ。

大川裕太　なるほど。

金正恩守護霊　だから、逆スパイなんだよ、入ってるのは。「斬首《ざんしゅ》作戦に対しては、六十人の影武者《かげむしゃ》を使い、指令書を出している」

里村　何か一見、非常に自信満々のようにも見えますけれども、今年（二〇一七年）の一月に公《おおやけ》の場で発言されて以来、一切《いっさい》、お話しされていないんですよね。沈黙《ちんもく》を守って……。

金正恩守護霊　うーん、まあ、いちおう、代理の者に、「核《かく》戦争には核戦争、全面戦争には全面戦争で対決する」と言わせといたから。

里村　ほう。

金正恩守護霊　あんなのは下々《しもじも》が言うことで、私のような元首が言うようなことではないからね。

里村　ああ。ただ、去年は、水爆《すいばく》実験から始まって、先ほどのＳＬＢＭの実験とか、非常に動きも激しく、また、あちこちに姿を出されて、よくいろいろな指示を出されていたのを見ると、やはり、「今年の一月のトランプ政権誕生以来、非常に行動の仕方が変わってきたかな」という感じも受けておりますけれども。

金正恩守護霊　うーん……。

大川裕太　「影武者《かげむしゃ》を、たくさん使っていらっしゃる」という話もあります。

金正恩守護霊　影武者って、六十人ぐらいしかいないから。

里村　六十人ぐらい？

金正恩守護霊　そんなに……。まあ、大して使ってませんけどねえ。

里村　ほう……。

金正恩守護霊　「六十人を同時に消せるものなら、消してみろ」っていうのよ。「殺された」と思ったら別人だ、どうせな。だから、「殺したから大丈夫《だいじょうぶ》」と思ったら、ちゃんと指示が出て、撃《う》つべきところには撃たれるようになっているし。

まあ、アメリカはさ、頭は自分らと同じような頭で考えると思ってるから。「必ず電子機器を使って、どこそこを狙《ねら》うという攻撃《こうげき》命令が出て、それで発射するものだ」と思うとるかもしらんけど、私たちは、そういうものに対する対策はもう立っとるのだよ。
だから、指令書を手紙に書いて、蓋《ふた》して渡《わた》してあるので。「もし、そういう指揮命令系統の分断が起きたら、これを開けて、そのとおりやれ」と、もう渡してあるので。原始的かもしらんけれども、これは防げないよ。

里村　ほう。極《きわ》めてアナログなやり方で……。

金正恩守護霊　アナログだけど、アメリカはこれを防げない。もう渡してあるから。指示書は全部、出してあるので。

里村　そうすると、物騒《ぶっそう》な言葉ですけど、今、「斬首作戦《ざんしゅさくせん》」っていう名前で、金委員長の首を取ろうという……。

金正恩守護霊　「斬首」っていうことはないでしょう。それはねえ、チャンバラのお侍《さむらい》の国が言うなら分かるけどさ。

里村　ええ。まあ、いわゆる、使われている言葉なんですけれども。

金正恩守護霊　アメリカ人なんかに斬首されてたまるか。「縛《しば》り首作戦」っていうなら分かるけど。やつらはやるかもしらん。

里村　むしろ、今のお話を聞くと、金委員長のほうが、逆に、その準備はおさおさ怠《おこた》りなくやっておられる、と。

金正恩守護霊　うーん。何か、トランプは太りすぎだな。だから、あれはねえ……。

里村　そんな……（苦笑）。

綾織　（苦笑）いや、あまり言わないほうがいいと思いますよ。

金正恩守護霊　だから、ちょっと、プールサイドで転ばせたらいいんだよ。

里村　（苦笑）

北朝鮮《きたちょうせん》による日本の世論《せろん》操作は本当か

綾織　もちろん、影武者は、「斬首作戦」対策でもあるとは思うんですけれども、一方で、やはり、内部も揺《ゆ》れていて、「金正男《キムジョンナム》さんを傀儡《かいらい》にする」ということを考えている勢力も内部にありましたし、張成沢《チャンソンテク》という人を、あなたは処刑《しょけい》したと思いますけれども……。

金正恩守護霊　いや、私は殺してませんよ。妹です。

里村　ああ、なるほど。

綾織　妹さんなんですね？

金正恩守護霊　うん。

綾織　やはり、そうした、いろいろなグループがいて、実は、ご自身の足元がかなり危ない状態ですよね？

金正恩守護霊　そんなことはない。私をなくしたら、もう国家がないのと……。

「朕《ちん》は国家なり」なんだよ。

里村　おお。

金正恩守護霊　ええ、私が国家。だから、むしろねえ、「北朝鮮《きたちょうせん》のスパイによる誘《ゆう》導《どう》によって、日本の天皇陛下《へいか》が生前退位しようとしてる」っていうのは、もう恐《おそ》れてるんだよなあ。

里村　えっ？　また、そのような……。

綾織　それは、北朝鮮のスパイなんですか？

金正恩守護霊　いや、私たち、それはそうですよ。日本に在日（朝鮮人）はたくさんいるんですから、忍《しの》び込《こ》んだら、左翼《さよく》に対する……。

綾織　それは、天皇に退位させたら、メリットとしては何があるのでしょうか。

金正恩守護霊　ありますよ。だって、それは〝私を恐れて〟でしょう？　天皇陛下だったら、日本が負けて降伏《こうふく》したときに縛り首になるから、退位したいんでしょう？

大川裕太　それは、ちょっと〝バブルな発想〟ではないですか？

金正恩守護霊　そうかねえ？

大川裕太　これは、むしろ、日本国内での世論《せろん》の影響《えいきょう》も大きいと思いますが。

金正恩守護霊　いや、その世論をつくってるのが私たちなんだから。

大川裕太　いや、あなたがただけではないと思いますよ。中国系の世論の影響も大きいので。北朝鮮……。

金正恩守護霊　だって、日本のマスコミで、「北朝鮮を攻撃しろ」って言ってるところがどこかあるか?

大川裕太　まあ、確かにないです。

金正恩守護霊　ね?　言えないだろう?

大川裕太　はい。

金正恩守護霊　だから、ちゃんと世論操作してるのよ。日本に百万人ぐらいは、朝鮮半島系の人がいるけども、「どの人が南で、どの人が北か」なんて、本当は分かりゃしないので。こちらの言葉がしゃべれる人、スパイは、いっぱいいるんだよ。

里村　となると、逆に、「日本に対する攻撃はできない」ということになりますよね？

金正恩守護霊　いや、できるんだよ。できる。だから、できる。

里村　たくさん、同胞《どうほう》というか……。

金正恩守護霊　あんたねえ、同胞の命のために、私が攻撃をしないと思ってるの？

里村　なるほど。そういうことですね。

金正恩守護霊　バカか。私を護《まも》るためなら、いくらでも死にますよ。

里村　では、要するに、いわゆる「捨て駒《ごま》」。

金正恩守護霊　いや、それは天皇陛下のために死んだでしょう？　先の大戦でいっぱい。

里村　なるほど。

金正恩守護霊　何？　私のために死ぬのは、それは名誉《めいよ》なことでしょう？

里村　ほう……。

祖父・金日成《キムイルソン》の霊言《れいげん》での心配をよそに、「米中に勝てる」と豪語《ごうご》する

大川裕太　昨年、金日成《キムイルソン》主席、金正恩委員長のお祖父《じい》様の霊言《れいげん》を録《と》らせていただいたのですが（『北朝鮮　崩壊《ほうかい》へのカウントダウン　初代国家主席・金日成の霊言』〔幸福の科学出版刊〕参照）、金王朝は、歴史的には金日成がいちばん穏健《おんけん》派と言われています。

金正恩守護霊　ふうーん。

大川裕太　それで、お父様の金正日《キムジョンイル》が金日成よりも少し強硬《きょうこう》派で、三代目のあなた

がいちばん強硬派なんですね。だから、先代の方《かた》になればなるほど穏健で、もう少し「バランス・オブ・パワー（勢力均衡《きんこう》）」を理解していました。

金正恩守護霊　安倍《あべ》さんのところも、三代目がいちばん強硬派なんじゃないの？　うん？

大川裕太　それは、確かにそうですね。

金正恩守護霊　一緒《いっしょ》でしょう。それは一緒なんだ。安倍家とうちは一緒なんだから。

大川裕太　初代から見ると、あなた様はとても〝バブル〟で、非常に血気盛《さか》んなのですが、それゆえに足元をすくわれやすいように見えているところかと思われます。

金正恩守護霊　（大川裕太に）何かね、「君を私の影武者に使える」っていう噂《うわさ》も聞いたんだがなあ。

大川裕太　（苦笑）

里村　（苦笑）ございません、ございません。

金正恩守護霊　（右手で、もみ上げのところを触《さわ》りながら）ちょっと剃《そ》り上げたら、こう……。（両手を、もみ上げのところから耳の上まで上げていきながら）下から髪《かみ》を、ここまで剃り上げたら、私の影武者に……。

里村　それで、今の質問に、ぜひお言葉を頂きたいんです。

金正恩守護霊　何、何、何、何？

大川裕太　お祖父様は心配していらっしゃいました。

金正恩守護霊　ああ、あなた（里村）は、お祖父様の影武者？

里村　いや、いや（苦笑）。そう言われると思っていましたけれども。

大川裕太　お祖父様は、あなた様の代で「国が潰《つぶ》れてしまうんじゃないか」ということを、たいへん心配していらっしゃいましたよ。

金正恩守護霊　いや、杞憂《きゆう》ですよ。そうじゃなくてね、釜山《プサン》まで北朝鮮の領土にしてしまいますから、私は一気にね。だから、アメリカが攻《せ》めてきたら、それをテコにして、一気に南の果てまで飛びますからね。米軍っていったって、朝鮮半島の韓《かん》国《こく》に二、三万人でしょう？（笑）そんなもん、わが地上軍数十万、百万の軍隊で攻めたら、ひとたまりもないですから。「一日で終わり」ですよ。

里村　「どちらが一日で終わるか」というのは？

金正恩守護霊　アメリカのほうが一日で終わりですよ。だって、自分らの身内を、みんな人質《ひとじち》に取られて……、捕《つか》まって、どう攻撃するの？

大川裕太　背後から、（中国の）人民解放軍が入ってくるかもしれませんよ。

金正恩守護霊　人民解放軍？

大川裕太　はい。

金正恩守護霊　人民解放軍が入ってきたら橋を壊《こわ》すよ、入《はい》れないように。

大川裕太　橋を壊しても入ってきますよ。

金正恩守護霊　入ってこれないよ。うん？

大川裕太　いくらでも……。海軍もありますし。

金正恩守護霊　でも、ＩＣＢＭは、中国に対してだって撃てるんだからね。それを中国は怖《こわ》がってるんだからさ。アメリカには当たらないかもしれないけど、中国には当たるよ。

里村　中国には当たる？

金正恩守護霊　うん、それは当たるよ。近いもん。

里村　おお。

金正恩守護霊　それは、もう、あちらを狙ったら、確実に当たるわ。

6　各国との駆《か》け引きで狙《ねら》う落としどころ

「幸福の科学は、北朝鮮《きたちょうせん》を敵対視するのをやめてくれないか」

綾織　今日のお話は、アメリカを挑発《ちょうはつ》し、中国も挑発し、日本も挑発しています。

金正恩守護霊　挑発？　そうかなあ。

綾織　まあ、日本が反応できるかどうかは分かりませんけれども、非常に……。

金正恩守護霊　もう穏便《おんびん》に済ますような話し合いに、平和な話し合いに来たんだ。

里村　そうですよ。穏便に。

綾織　なかなか、穏便にならないですねえ（笑）。

金正恩守護霊　君たちは、ちょっと西洋かぶれしてるんじゃないか？

里村　いや、いや。

金正恩守護霊　君たちがもうちょっと〝北朝鮮《きたちょうせん》かぶれ〟したら、もうちょっと穏便な話になるんだ。

里村　もう少し、そうした「どのように平和を保つか」というご提案か何かを頂けるかなと思ったんですけれども。

金正恩守護霊　ちょっと、幸福の科学ね、北朝鮮を敵対視するのはやめてもらえないかな。特に何か、近日、〝金正恩打倒《だとう》の祈《いの》り〟をやってるような感じがするんだが、どこか。

大川裕太　はい、やっております（「北朝鮮の核《かく》暴走抑止《よくし》祈願《きがん》」）。

金正恩守護霊　やっとるんだろうが。やっぱりねえ。やってるなあと思う。いやあ、「金正恩打倒」とねえ、何か、「白頭山《はくとうさん》、噴火《ふんか》せよ」とかいう祈りも、ちょっと聞こえてくるんだよなあ、われわれねえ。

大川裕太　うーん。

里村　ええ、ええ。

金正恩守護霊　あとは、何かねえ……、宗教団体として、あんたらは、何か、「密《みっ》教《きょう》」みたいなことをやっとるなあ。ああ？

里村　いや、いや。ですから、私どもとしては、「最終的な破滅《はめつ》に至る前に、少しでも平和の方向に動くために、そういう悪をなさないように」という願いを込《こ》めて、祈っているのです。

金正恩守護霊　何か、私が脳梗塞《のうこうそく》か心筋《しんきん》梗塞でも起こすようなことを、一生懸命《いっしょうけんめい》、イメージを送ってくるあれも、ちょっとあるんだがなあ。

大川裕太　ええ、体調には気をつけられたほうが……。肥満でいらっしゃいますので。

金正恩の狙《ねら》いは、アメリカとの「二国間協議」？

大川裕太　でも、特に、日本のマスコミは、結局、金正恩委員長の目的が、「六カ国協議への復帰」だとか……。

金正恩守護霊　いや、そんなの、もう全然、全然……。

里村　ない？

金正恩守護霊　全然、全然。もう、私らはアメリカと直接交渉《こうしょう》をするつもりで……。

里村　ああ、二国間協議ですね？

金正恩守護霊　ええ。もうそれ以外は……。もう、あとは相手にならないじゃないか。

綾織　二国間でアメリカと交渉をされたいんですね？

金正恩守護霊　うん。韓国《かんこく》なんか、もう国家じゃないし。

綾織　トランプさんと話をされたいんですか。

大川裕太　それで、二国間交渉で、何をされたいのですか。

金正恩守護霊　何があ？

大川裕太　二国間交渉で、何をなされたいのですか。

金正恩守護霊　「対等の国家」であることを認めさせて、それで、何と言うか……。

大川裕太　経済援助《えんじょ》ですか。

金正恩守護霊　うーん、だから、「ちゃんと、紳士《しんし》としての話し合いによって、物事を、ビジネスとして片をつけていく」ということをやりたいわけで。

里村　「話に乗っていただきたい」というわけですね。

金正恩守護霊　話に。

里村　今、「対等」とおっしゃいましたが、何が対等ですか？

金正恩守護霊　だって、「言うことをきかなきゃ、ＩＣＢＭを米国にぶち込む」って言ってるわけだから。向こうだって、「空母を送ってきてやる」って言ってたけど、こちらは空母なんかなくてもぶち込めるんだから。「それで正々堂々の取引ができるかどうか」っていうところが問題なんだ。

北朝鮮《きたちょうせん》は、本当にＩＣＢＭに核弾頭《かくだんとう》を載《の》せることができるのか

綾織　その「対等」ということで言うと、「ＩＣＢＭ」だけではなくて、「そこに核《かく》弾頭《だんとう》を載《の》せられる」というのが、「アメリカとの対等」ということになるんですけれども、それは実際、可能な状態なのですか？

金正恩守護霊　載っけられる。大丈夫《だいじょうぶ》。大丈夫ですよ。ええ。人工衛星が飛ばせるぐらいですから、大丈夫なんですよ。

里村　うーん……。まあ、人工衛星は飛ばせるかもしれないんですけれども、私どもが得ている情報だと、「それをもう一度、大気圏内《たいきけんない》に突入《とつにゅう》させるところがまだ完成に至っていない。こういうところは、実は、まだまだ〝張りぼて〟の状態である」と。

金正恩守護霊　うーん……。まあ、いいけどね。

綾織　それ、今、ごまかしていませんか？

金正恩守護霊　とにかく、アメリカ本土に届くかどうかの実験をしていいって、あなたが言って勧《すす》めてくれるなら、カリフォルニアから、そらあ、ニューヨークまで、どんどん撃《う》つ練習をしてみるよ。

今は日本海にやってるやつを、アメリカに向けて、ちょっと練習してみるわ。途《と》中《ちゅう》でグアムに落ちたりするかもしらんけどな。

大川裕太　しかし、実際、先日、核実験をなされなかったのは、「アメリカの反撃《はんげき》を恐《おそ》れて日和見《ひよりみ》をしたのではないか」という見方が一般《いっぱん》的です。

金正恩守護霊　そんなことはないよ。まだ、もうちょっと〝吉日《きちじつ》〟があるかもしれないからねえ。向こうが身構えてるときに、わざわざやらんでもいいからさあ。

「世界の最強国入りをしたい」

里村　先ほどの話に出たなかで、重要な点としてお訊《き》きしたいのですが、結局、アメリカとの二国間協議に持ち込み、話し合いで、国の存続、あるいは自分の王朝の存続を図《はか》りたいという狙《ねら》いがおありになるわけですか。

金正恩守護霊　まあ、トランプは、一度、墜《お》ちやすい米軍ヘリに乗ってねえ、平壌《ピョンヤン》に来なさいよ。そしたら、接待してやるからさあ。

里村　首脳会談を、ぜひやりたいということですか。

金正恩守護霊　フグ料理を練習してあるから、うちは。フグ料理で接待してやるから。一度来なさいよ。

里村　要するに、「アメリカ大統領とサシで話をしたい」という気持ちがあるわけですか。世界にそれを見せたいのでしょうか。

金正恩守護霊　いやあ、やっぱり、「世界の最強国入りをしたい」っていうことだよな。

里村　ほーう。

金正恩守護霊　今、国連の常任理事国には五カ国ぐらい入ってるのかもしらんけども、「六カ国協議」っていうものの、六カ国目が北朝鮮《きたちょうせん》なんだよな。うん。

大川裕太　はい。

金正恩守護霊　まあ、入るべきだよな、世界の動向を決めるのに。このＩＣＢＭで全世界を狙えるようになった北朝鮮は、もう、（常任理事国に）入らないといかんわな。

経済政策に対するバブル的な考え方

大川裕太　ただ、その経済力では、はっきり言って、アメリカとの全面戦争には耐《た》えられませんよね。

金正恩守護霊　いや、大丈夫よ。経済力は、韓国と日本を〝締《し》め上げる〟ことになってるから、それは大丈夫だよ。

里村　いや、〝締め上げた〟からといって、日本から（お金が）出てくるとは、とうてい思えません。

金正恩守護霊　出てくるでしょ。

里村　何か経済的な……。

金正恩守護霊　お金がだぶついて困ってるでしょう？　お金がだぶついて。アベノミクスは、私が〝血を吸って〟やれば、ほんとに動き始めるんじゃないかなあ。

里村　いえ（苦笑）、今、北朝鮮に対して対外投資をするということは、なかなか考えづらいと思います。

金正恩守護霊　ありますよ。

里村　考えられません。

金正恩守護霊　潰《つぶ》れかかってる東芝《とうしば》が息を吹《ふ》き返すよ！　核プラントを、原子力発電所を北朝鮮に十基つくるとか言ったら、今、潰れかかってるやつが、急にブワーッと息を吹き返すわねえ。

里村　いや、聞けば聞くほど、むしろ荒唐無稽《こうとうむけい》で、まさに、金日成《キムイルソン》主席がおっしゃった、バブル的なものに聞こえてくるんですけれども。

金正恩守護霊　いや、バブルっていう言い方は、私にはよく分からんな。私はねえ、もう、緻密《ちみつ》な計算以外したことがないから、さっぱり意味が分からんなあ。

大川裕太　あなたの体型のようなものをバブルというのですけれども。

綾織　（笑）

金正恩守護霊　君の体型みたいなのがバブルじゃないのか？

大川裕太　いや。まあ、私の話は置いておきまして。

今、ロシアとはどのような関係性になっているのか

大川裕太　北朝鮮も、一九七〇年代半《なか》ばまでは、韓国よりも経済力は上でしたが、それはもともと、インフラのところで北朝鮮のほうが有利でしたからね。日本統治時代の経済のインフラが半島北部を中心になされていましたので。

金正恩守護霊　まあ、今はロシアがなあ、ちょっと孤立《こりつ》してきたからな。トランプがフニャフニャ動くから、今、近寄ってきてるからなあ、ロシア……。

いや、中国がいい格好するんだったら、ロシアのほうが、ちょっと援助してやろ

うかっていうサインを、今、ちょっと送ってきてるからなあ。

里村　おお、おお。

金正恩守護霊　やっぱり、アメリカ側が地球を支配するのに対しては、ロシアは抵《てい》抗《こう》してるからなあ。

アサド政権を攻撃《こうげき》されて、面子《メンツ》を潰されたと思ってるからさ。「中国が日和見するんだったら、ロシアのほうが、ちょっと、いろんなものを貸したろか」っていう。ロシアの空軍も、戦車も、ヘリコプターも、まだたくさんあるからねえ。それは、「占領《せんりょう》されないようにだったら、助けてやってもいいかなあ」っていうシグナルは送ってくるわなあ。

里村　シリア空爆《くうばく》以来、送ってきているということですか。

金正恩守護霊　送ってきてる。送ってきてる。いやあ、怒《おこ》っとるよなあ。あれ見て。

里村　おお……。

金正恩守護霊　「なめたな」っていう感じだな。

里村　ほう、ほう。

金正恩守護霊　「アメリカは、プーチンをなめたな」っていうところが、やっぱりあるわなあ。

里村　そうすると、金委員長としては、プーチン大統領を信頼《しんらい》して、ある意味で強気に出ているところもあるわけですか。

金正恩守護霊　だけど、アメリカは今後ねえ……、まあ、かつて、昔からよくあるんだよ。「攻撃して失敗する」っていうのは、よくある。

里村　はい。

金正恩守護霊　アフガンとかもあったし……、あ、イランかな?

里村　イランでもありました。はい。

金正恩守護霊　イランであったよなあ。

だから、ええ格好して急襲《きゅうしゅう》かけたりして、そして、逆に失敗するっていうのはよくあるから。

どうせ、私の影武者《かげむしゃ》を襲《おそ》いに行って、撃ち落とされたりして、みんな死んじゃうみたいな。特殊《とくしゅ》部隊全滅とか、返り討《う》ちに遭《あ》うみたいなのをやったら、世界中でパーッと、あっという間に、「アメリカに対する威信《いしん》は失われる」わなあ。

まあ、そういうことが起きるんじゃないかな、近いうちに。

「人民はみんな人質《ひとじち》だから、逃《に》げられるわけがない」

大川裕太　映画の観《み》すぎではないですか？

金正恩守護霊　うん。映画は観てるんだ、よく。うん、うん。

大川裕太　いや、逆に、北朝鮮側の手下のほうが逃《に》げ出す可能性も高いのではないですか？

金正恩守護霊　どこに逃げる？　逃げるところがないもん。逃げられないいじゃないの。

大川裕太　韓国を経由してアメリカに逃げたり、ヨーロッパに逃げたりするのではないですか。

金正恩守護霊　逃げられるわけない。もう、〝蓋《ふた》をされてる〟のに、逃げられるわけないじゃない。みんな人質《ひとじち》なんだから、人民は。

大川裕太　攻撃が始まった瞬間《しゅんかん》、ボートピープルのように、日本や韓国に逃げていきますよ。

金正恩守護霊　ボートピープルっていったって、船を押《お》さえられたら、そんな、逃げられるわけないじゃん。

大川裕太　泳いで行くんじゃないでしょうか。

金正恩守護霊　ガソリンがないのに、どうやってボートが動くのよ？　ああ、漕《こ》ぐのか。手漕ぎか。ああ、なるほどなあ。

里村　ええ。

金正恩守護霊　ああ、そう（笑）。丸太につかまってでも逃げるっていうんなら、まあ、それはあるかもしらんけども。

まあ、それも一つの戦略ではあるんだよなあ。

だから、北朝鮮からボートピープルを百万人ぐらい日本に流してやったら、日本政府は、もう、それだけで〝ゴジラ上陸〟ぐらいの衝撃《しょうげき》を受けるだろう。百万人も受け入れられる対応の方法が思いつかんし、そのなかに軍人を紛《まぎ》れ込ませときゃあねえ、日本のなかでテロが起こせるからねえ。掻《か》き回せられる。

7 「日本を狙《ねら》う」なら、どこか

朝日新聞と意見が「一致《いっち》している」

綾織　先ほど、「在日米軍基地は攻撃《こうげき》する」というようにおっしゃっていて、何か、日本を分断させるような考え方も出ていましたけれども。

金正恩守護霊　もちろん当然でしょう。そうなるでしょう。

綾織　特に、東京などの大都市圏《けん》に対しては何かをやるというプランは持っているのですか。

金正恩守護霊　ヘッへへ。あんた、それ、質問のうちに入ってんの？　私がどう答えるかが……、まあ、どっちでもいいけどねえ。

里村　おお。

金正恩守護霊　ハッハハ。アハハハハ（笑）。

大川裕太　もし、日本を狙《ねら》うとしたら、どこにミサイルを落とすと、いちばん気持ちがいいですか。

金正恩守護霊　いやあ、それは、公式には、「米軍基地があるほう」と言いたいが、まあ、田舎《いなか》が多いからねえ。やっぱり、もうちょっと効果的なところも考えなきゃいけないわなあ、そのへんな。

綾織　どこが優先されますか。

金正恩守護霊　いや、そんなことは……（笑）。なんで、あんたねえ、私が言うわけがないでしょ。

だけど、まあ、三代目の安倍《あべ》さんには死んでいただきますよ。それはね。

綾織　ああ、そうですか。

大川裕太・里村　おお……。

金正恩守護霊　彼がタカ派路線でねえ、今、日本を軍事国化してるからね。やっぱり、その、何と言うかねえ、日本の善良な平和主義者たちを、タカ派政権から護《まも》るために、安倍さんには成仏《じょうぶつ》していただきます。はい。

大川裕太　そのあたりで、「朝日新聞」と意見が一致《いっち》しているわけですね。

金正恩守護霊　一致してます。

里村　一致している？（苦笑）

金正恩守護霊　うん。

里村　なるほど。

金正恩守護霊　安倍さんには成仏していただきます。

大川裕太　ということは、東京や山口や……。

金正恩守護霊　いやあ、安倍さんが行ってるところは、どこだって狙いますから。

大川裕太　なるほど。

金正恩守護霊　それはねえ、ミサイルとは限らないですからね。日本国内にも、テロリストは、もう、何百人もいますから。

「サリンは、日本国内の潜入員《せんにゅういん》で生成できる」

里村　「ミサイルとは限らない」とおっしゃった部分について、もう一つ、お伺《うかが》いしたかったんですけれども、にわかに、北朝鮮《きたちょうせん》の化学兵器がクローズアップされています。

金正恩守護霊　うん。

里村　北朝鮮国内には、サリンをはじめとする「化学兵器」が五千トンはあるのではないかという説もございますし、実は、この前、シリアが使ったサリンは、北朝鮮由来のものだという話も聞いています。

こうしたことからも、やはり、ミサイルと同時に「化学兵器」による攻撃《こうげき》というものも、一つのシナリオとして入っていらっしゃるということですか。

金正恩守護霊　あんたらにはねえ、ちょっと、近代大国主義があるからさ。そういうものは、必ず外から、形あるもので運び込《こ》まれると思ってるところに間違《まちが》いがあるので。サリンなんてのは、日本国内にいる潜入員《せんにゅういん》で生成できるんですよ。つくれるので。

里村　ああ、侵入《しんにゅう》要員で？

金正恩守護霊　ええ、ええ。もう、つくれているので。オウム真理教でつくれたんでしょう？　うちの、そんな、国がつくれないわけないでしょ。だから、すでに、そのくらいの資金も施設《しせつ》も持ってますよ、国内に。

里村　施設もですか。

金正恩守護霊　うん。持ってますよ。うん。

里村　ほう。ほう。

「他の国籍《こくせき》の人も使える」

金正恩守護霊　だから、一生懸命《いっしょうけんめい》、今、ねえ？　「共謀罪《きょうぼう》（テロ等準備罪）」とか、安倍さんが必死になってるのには、そういうテロの組織犯罪みたいなのを、事前に諜報《ちょうほう》強化して、つかもうとしてるんだろう？　だから、実際にあるわけよ。分からないからさ。

で、それが北朝鮮から来たというか、そういうハングルを使う人たちがやるとは限っていないということを知っといたほうがいいわねえ。

里村　ほう。そうですか。

金正恩守護霊　うん。それを、私たちは〝雇《やと》う〟ことができるのも……。別に、ほかのインドネシアだとかさあ、あるいは、ネパールだ、チベットだ……、まあ、イスラム圏の人はそんなに多くは来てないけども、ちょっと、反米的感情を持ってるような、南米からの移民とかね。そういうのも雇って、使ってるかもしれないから。

里村　マレーシアの事件とかも、実際そうですね。

金正恩守護霊　うーん、だから、ほかの国籍《こくせき》の人を使って、つくってるかもしらんから、そのへんは、若干《じゃっかん》、甘《あま》いかもなあ。

里村　ああ、なるほど。

「皇族を狙《ねら》う」と発言する金正恩守護霊

里村　そうした、北朝鮮以外の、ハングルではない外国人を使っていると。

金正恩守護霊　……も、使ってるかもしれないな。だって、すぐ〝足がつく〟じゃない。北朝鮮系統が狙《ねら》いをつけてるようなところでやったらな。それ以外のところでやる可能性は十分にあるわなあ。うん、うん。

里村　そうすると、すでに、その布石《ふせき》は、ずっと打ってきているということですね。

金正恩守護霊　うん。だから、金正男《キムジョンナム》なんか、もう、ねえ？　マレーシアの空港で、あっさりと、二、三人で殺《や》られたんだからねえ。

日本なんか、天皇陛下《へいか》だろうが、皇太子だろうが、チョコチョコと海外を歩き回ってるじゃないか。

綾織　ああ、そちらも狙うんですね。

金正恩守護霊　あんなの（笑）、狙おうと思えば簡単だ。一回、練習しようかね。ほんとねえ。簡単で。

もう、日本は退位問題で揺《ゆ》れてて、かわいそうだから、早く成仏させてやらないといかん。何なら、どうせ元気だから、あれだろう？　退位すると言いながら、また海外に行くんだろう？

だからねえ、この次、ベトナムでも誰《だれ》か行ってくれたら、そのへんで狙ってもいいしねえ。

大川裕太　ベトナムは北朝鮮との国交が盛《さか》んですからね。

金正恩守護霊　うん。まあ、マレーシアは、この前やったところだから、ちょっと用心してるかもしらんけど、皇太子様は、なんか、行かれたな？（注。皇太子殿下《でんか》は、二〇一七年四月十三日から十七日にマレーシアを訪問された）

里村　ええ。

金正恩守護霊　まあ、今はちょっと警戒《けいかい》してるから、しなかったけど、マレーシアの空港で殺せるぐらいですからね。それねえ、どこでも殺せるんですよ。うん。

「安倍《あべ》首相暗殺のチャンスは、過去五回以上はあった」

里村　先ほどから、非常に、「何が来ようが怖《こわ》くない。いや、やってやるぞ」ということをおっしゃっているのですが、そのような言葉の数々を聞いていますと、やはり、空襲《くうしゅう》に対して竹槍《たけやり》で戦うような話にも……。

金正恩守護霊　そうかなあ。日本のＳＰとかさあ、銃弾《じゅうだん》で撃《う》たれたときに、こう、盾《たて》になるみたいなことばかり考えてるけど、女性が後ろから擦《す》り寄ってきて、ちょっと口の周りを触《さわ》ってしまう。一瞬《いっしゅん》、二、三秒触っちゃったら、それで死んじゃうようなのだったら、けっこう防げないいんじゃないの？　この、人が大勢混み合ってるところでは。

里村　そこに、一つの考え違《ちが》いがありまして、民主主義の国というのは、リーダーが倒《たお》れたからといって、必ずしも、それで国が滅《ほろ》ぶわけではなく……。

金正恩守護霊　ほう。天皇家は倒れても大丈夫《だいじょうぶ》なわけ？　ほう。

里村　いやいや。はっきり言って、そういうことをすると、逆に、今、「憲法九条を護《まも》る」と言っている人でも、おそらく、考えを変えると思います。

金正恩守護霊　そんなことないんじゃないの？　だって、もう、退位してもいい天皇だったら、別に、殺されても文句《もんく》ないでしょ。

里村　いや。いよいよのときの日本人の変わり方というのは、すごいですから。まあ、それは、日本だけではありません。日本がアメリカに対して真珠湾《しんじゅわん》攻撃を行《おこな》ったときにも、アメリカ人が決起したのと同じように、つまり、民主主義の国というのは、独裁国家と違い、一部の人を倒したからといって、それで国が崩壊《ほうかい》するわけではないんですよ。

金正恩守護霊　あんたねえ、それは……。いや、崩壊しなくてもいいけどさあ、報告では、安倍《あべ》さんなんか、暗殺しようと思ったら、過去、もう五回以上、暗殺のチャンスはあったと報告を受けてるから。

里村　五回以上ですか。

金正恩守護霊　ああ。ゴルフなんかするでしょ？　簡単ですよ。ゴルフ場なんてねえ、一つのホールから次のホールまでの間に何人いるのよ？　ほんと少ないからね。キャディーに在日系の誰かを混ぜときゃねえ、殺《や》れないことはないですよ、事前に仕組んどけばね。

大川裕太　確かに、安倍さんが岸田《きしだ》さんに替《か》わるだけでも、対北朝鮮への圧力は弱まるかもしれませんね。

金正恩守護霊　ああ、岸田さんね。まあ、よくは分からんけど、安倍さんよりは、人間としてねえ、まともなんじゃないかねえ。

大川裕太・里村　（苦笑）

金正恩守護霊　たぶん、私たちに対して、人道支援《しえん》はすぐしてくれるような気がするなあ。

里村　ああ、なるほど。

「平壌《ピョンヤン》周辺以外の人民はかなり飢《う》えている」

里村　ちなみに、そういうかたちで、日本の個別の政党に対する肩入《かたい》れとかはありますか。

大川裕太　「民進党」への肩入れはありますか。

金正恩守護霊　うーん、まあ、それは、いろんなアプローチはしてますよ。当然してますし、やってます。それはやってます、いろいろと。あんなね、多重国籍の人が党首をやってるようなところですからねえ、緩《ゆる》いですよね。

とりあえず、昔の加藤紘一《かとうこういち》とかが言ってたときのように、「まずは、コメ五十万トン支援」とかね、あんな感じでスパッと行けば、日朝関係も急にグーッとよくなるし。

綾織　結局、「トランプさんと話し合いをしたい。日本からはそういう援助が欲《ほ》しい」ということなんですね?

金正恩守護霊　だから、「日本と韓国《かんこく》は炎上したくなければ、別に食糧《しょくりょう》とか、お金を供給せよ」と。

綾織　そのための挑発《ちょうはつ》をしているわけですね。

大川裕太　この間の天災でも苦しんだのではないですか。

金正恩守護霊　「この間の」って、いつも天災は起きとるから、そらあ、大変ですよ。

里村　いつも……（苦笑）。

金正恩守護霊　うん。飢饉《ききん》はいつものことだから。

だから、もし、平和的にねえ、北朝鮮と韓国が合併《がっぺい》したとしても、ものすごい額のお金がかかると言われているからねえ、今ねえ。東西ドイツの合併から考えるとね、ものすごい金が……。

そのくらいの金がかかるんだったら、今のうちにちょっと北朝鮮に援助しといても悪くはないわね。早めにインフラをよくしておいて、合併後、スムーズに行くようにね。そういうこと……。

大川裕太　われわれは、「インフラではなく、軍事への投資にそれが使われるのではないか」と気にしているわけですが。

金正恩守護霊　いやあ、そんなことはないですよ。やっぱり、君たちの包囲網《ほういもう》のせいで、人民もかなり飢《う》えておるからね。平壌《ピョンヤン》周辺だけはちょっと潤《うるお》っておるようには見えているけど、それ以外はかなり飢えておるからね。

8　トランプ大統領に伝えたいこと

結局は「援助《えんじょ》を引き出すこと」が目的なのか

里村　結局のところ、遠回しに、「援助《えんじょ》をしてほしい」というのが今日のメッセージでしょうか。

金正恩守護霊　やっぱりね、ミサイルを撃《う》ち込《こ》んでほしくないでしょ？

里村　いや、当たり前ですよ（苦笑）。

金正恩守護霊　だから、これだけ撃たれるのを嫌《いや》がってんだからさ。単に嫌がらないで、戦争してさらに人をいっぱい殺そうと思うのではなくて、まず安倍《あべ》は資金援助をパンッと決めればいいわけよ、独断で。

だから、お金が余って、あちこちに撒《ま》いて撒いてしてるのは分かってるから、まず北朝鮮《きたちょうせん》にポーンと援助をね、何もなしで。

「とにかくミサイルを撃たないでくれ」と。「日本の方面に撃たないでくれ」と。「これだけ（お金を）出すから」と言って。

で、お金がなくなったら、うちはまた撃つから、ポーンと。そしたら、また出すと。

まあ、そういうかたちの関係でもいいんじゃないかなあ。

大川裕太　まさしく、それが六カ国協議の時代の経過ですよね。ずっとそのようなことを繰《く》り返してきました。「脅《おど》して、ミサイルを発射して、援助を引き出して、次には核《かく》実験をして、援助を引き出す」といったことを繰り返してきたわけです。

ただ、先日、ペンス米副大統領は、「戦略的忍耐《にんたい》の時代は終わった」と述べていました。

金正恩守護霊　そりゃあ、韓国人《かんこくじん》・日本人・アメリカ人を殺したけりゃ、どうぞ。そういうふうに言やあ……。

里村　ティラーソン米国務長官も、「北朝鮮に対しての二十年間の外交戦略が間違《まちが》っていた」と明確に言っていました。

金正恩守護霊　そんなら、「トランプを選んだのが間違った」と、アメリカ国民は言っているからね。

「アメリカの敵対勢力が一斉蜂起《いっせいほうき》する」という脅《おど》し

里村　今、安倍さんに対しては、「ミサイルを撃ち込まれたくなかったら、援助をしろ」とおっしゃいました。

金正恩守護霊　うん。うん、そう、そう。

里村　では、トランプ大統領に対して伝えたいことは何ですか。

金正恩守護霊　トランプ大統領に対して伝えたいことは、おそらく、北朝鮮に強硬《きょうこう》姿勢を取って、「もしそれを実行したら、反アメリカ勢力が全世界的に一斉蜂起《いっせいほうき》するんじゃないか」ということだなあ。アメリカ国内で、あれだけ嫌《きら》われておりながら、さらに世界中の反アメリカ勢力に火が点《つ》くっていうのは大変だろうねえ。

まあ、南米だって麻薬《まやく》の資金源を止《と》められようとしてるから、すごく腹立ってるからさ、メキシコも含《ふく》めてね。それは〝強盗《ごうとう》の塊《かたまり》〟だよね、南米のほうもな。だから、今度は空から麻薬が降ってくるかもしれないなあ。

里村　ただ、トランプ氏の場合は、〝炎上商法《えんじょうしょうほう》〟というか、〝炎上〟すればするほど基盤《きばん》が強くなってくるという傾向《けいこう》があります。

金正恩守護霊　だから、あれは、娘夫婦《むすめふうふ》がユダヤ教か何かに改宗してあれしてるから、彼はそれを十分に利用してやっているようだけども、あれは弱点だなあ。「ユダヤ教徒だ」っていうことはねえ、全イスラムを敵に回すね、やがてね。だから、イスラム圏《けん》は私たちを援助するね、いずれ。

綾織　実際、北朝鮮はイラン等にミサイルの輸出をしたりしていますし。

金正恩守護霊　（イスラム圏は）アメリカを困らすためだったら、あらゆる手を使うだろうから。ユダヤ教徒はねえ、イスラエルを支援するのは確実だから。

大川裕太　それで、そのような世論《せろん》に負けたのがブッシュ大統領（ジュニア）ですね。

ただ、われわれの見立てでは、トランプはブッシュよりも数倍は強いのではないかと思われます。

金正恩守護霊　年だからねえ。脳溢血《のういっけつ》を起こすのは、あっちが先だぜ。戦争が始まったら、すぐプチッといくんじゃないかなあ。アハハハハハ（笑）。

大川裕太　まあ、あなた様も気をつけないと……。

「アメリカの攻撃《こうげき》で、日韓《にっかん》に百万人の死者が出ることになる」

綾織　ただ、トランプさんは、「ミサイルを撃《う》ち、核兵器も使える」と自国民を脅されて、黙《だま》ってる人ではないですよね。

金正恩守護霊　いやあ、君たちを脅して、アメリカに伝わるときは、あっちは弱くなっているから、それでいいんだよ。君たちが恐怖《きょうふ》すればいいよ。

綾織　トランプさんは、自国民をそういうふうに脅されて黙っている人ではないと思います。今までとは違います。

大川裕太　私たち幸福の科学の見立てとしては、大川総裁もおっしゃっていましたが、トランプ大統領の視野には、任期中に間違いなく中国との対決も入ってくるので、北朝鮮というのは〝前菜《ぜんさい》〟のような処理の仕方をされるかもしれません。

金正恩守護霊　そんなことはない。シリアだって一回ミサイルを撃ち込んで、それであとは何もしてないでしょ？　だって、地上軍を送ってまで、殺し合いに参加したくないもんね。アメリカ軍も死にたくないから。ベトナム戦争の二の舞《まい》になるからさあ。

だから、アフガンにだって、ちょっとボトンと落としただけで、実際に地上軍を送ると、また同じ問題が起きるからさあ。

朝鮮半島だって、南北で混戦状態になった場合は、地上軍を送ったら、また大変な死者が出るからさあ、やりたくはない。

まあ、「ちょっとだけ脅して、手を打ちたい」っていうのが本心だよなあ。そう見ている。

里村　そこが近代戦の怖《こわ》いところで、「地上戦になれば、米兵がたくさん死ぬんだ」と。そのあたりの図式も多少変わってきているんですよね。

金正恩守護霊　いや、私はねえ、「短気」なだけじゃなくて、「忍耐力」もあるからねえ、私は強いよ。ただ、トランプはキレやすいからさあ、短気だから。もし、「ちょっと脅してやろうか」と思って撃ち込んだりしたら、それはもう、百万人を超《こ》える死者が生まれることは、ほぼ確実であるので。それだけの死者をつくった米国大統領として、歴史に名前が遺《のこ》るだろうねえ。

里村　「百万人」というのは、どちらの国の死者ですか。

金正恩守護霊　ええ？　まあ、どっちも含《ふく》め……。

里村　北朝鮮ですか、アメリカですか。

金正恩守護霊　いや、いや。韓国《かんこく》はそのとおりですよ。日本にも出るよなあ。アメリカ人は百万人も近くにいないけども。

綾織　ただ、結局、トランプ大統領は、「アメリカ本土にいる国民が、どのくらい犠牲《ぎせい》になるのか」ということを第一に考えるので、もしかすると、「百万人」という数字も気にしない可能性はありますよね。

金正恩守護霊　いいんじゃない？　アメリカ・ファーストをねえ、私が支えてやるよ。アメリカ・ファーストで、国内のことだけに従事できるように支えてやるからさあ。だんだんに撤退《てったい》……。

もう沖縄《おきなわ》だって、沖縄県民はあれだけ独立したがって、米軍基地を撤退させたがっているから、それを応援してやらなきゃいけない。

里村　なるほど。

金正恩守護霊　日本のためになるから、「米軍基地があると危険だ」ということを何とか実証してやりたい。

だから、あれは、ほんと、ヒョロヒョロのミサイル一本でもいいんじゃないかなあ。米軍基地を狙《ねら》って撃っとけば、やっぱり、独立運動は盛《さか》んになって、それ言うことをきいてくれないんなら、「沖縄も日本から独立して、中国に帰属するぞ」と、もう言いかねないから、日本も〝南北戦争〟だなあ。うーん。

「トランプ大統領の家族を狙《ねら》う」と言う金正恩守護霊

里村　もう一点、トランプ大統領に伝えたいことは何かという話につながることなんですけれども、トランプ大統領はディールについて非常に……。

金正恩守護霊　ビール？

里村　ディール、取引ですね。

金正恩守護霊　ああ、ディール。うん。

里村　はい。ここに自信を持っていると。

金正恩守護霊　うん。

里村　それで、今日、お話をお伺《うかが》いしていますと、どちらかというと、アメリカ、あるいは、日本や韓国に対し、一方的に譲歩《じょうほ》を求めるような話ばかりなんですけれども、金委員長のほうから譲歩するものは何ですか。

金正恩守護霊　そうだねえ。だから、トランプの下の娘が大学に通ってるよなあ（注。ティファニー・トランプは二〇一六年にペンシルバニア大学を卒業した）。うーん。やっぱり、かわいいんだろうね。

里村　ほお。

金正恩守護霊　かわいいだろねえ。

里村　ほお。

金正恩守護霊　だから、かわいかったらね？「長生きしてほしい」とは思うだろうね。

里村　おお、おお。

金正恩守護霊　「譲歩」っていうのはね、だから……。

綾織　それは脅迫《きょうはく》ですね。

金正恩守護霊　「家族を護《まも》りたかったらね、もう、手荒《てあら》なことはしないほうがいいよ」と。

里村　譲歩で……（苦笑）。

綾織　普通《ふつう》にいくならば、「核の査察を受ける」とか……。

金正恩守護霊　そんなの、大したことない。やっぱりね、娘がねえ、何か優秀《ゆうしゅう》な下の子がいるらしいじゃないの。次は、何か、ハーバードの大学あたりに行きたいらしいじゃない？

里村　みんな優秀ですよね。

金正恩守護霊　ねえ？　ボストンあたりで〝人をさらう〟のは簡単だろうね。

里村　ほお……。

綾織　北朝鮮《きたちょうせん》として譲歩するものは一切《いっさい》ない？

里村　一切ないですか。

金正恩守護霊　〝山んなかで死んでたり〟することはあるだろうね。

綾織　ミサイルの開発、核開発、そういうものではないですか。

金正恩守護霊　「トランプがいちばん愛しているものを失わせる」のが、いちばん効果が……。

綾織　イランとアメリカとで、核開発での合意がありましたけれども……。

金正恩守護霊　うーん、か……、「家族」だなあ。うーん。

綾織　あのような取引というのはありえないんですか。

金正恩守護霊　ええ？　何が。

大川裕太　そのような取引を二十年間繰り返してきましたからね。

金正恩守護霊　まあ、無駄《むだ》だよな。

綾織　もうないわけですね。

「安倍《あべ》首相の奥《おく》さんは『私人』だから、気をつけたほうがいい」

金正恩守護霊　安倍《あべ》首相、奥《おく》さんはね、「公人」じゃなくて「私人」なんだってね。

大川裕太　はい。

金正恩守護霊　だから、警備できないんだね。私人なんだもんね。普通の人だからね。まったく何の責任もないわ。

里村　まあ、あれは、安倍さんの解釈《かいしゃく》ですけどもね。

金正恩守護霊　私人なんだそうですよ。警備もできないよね。やっぱり。あの奥さんは気をつけたほうがいいねえ。〝宇宙人〟にさらわれるかもしれないねえ。

綾織　だいたい、おっしゃりたいことは分かりました。

大川裕太　やっぱり、拉致《らち》がお得意ですからねえ。

金正恩守護霊　ええ？

里村　うん、うん（笑）。

金正恩の霊的《れいてき》なアドバイザーは誰《だれ》か

綾織　守護霊さんですので、最近、何かアドバイスを受けているような方はいらっしゃいますか。どなたかと話をして、「こうやったほうがいいよ」とか、アドバイスを受けているような方はいらっしゃいますか。

金正恩守護霊　もう、そりゃあ……、お父様、お祖父《じい》様、ねえ？

綾織　ああ。

金正恩守護霊　まあ、そのへん。

綾織　そこは話をされているわけですね？

金正恩守護霊　昔の、その、「高句麗《こうくり》の英雄《えいゆう》」とか、そういう人も、やっぱり、存在してますからねえ。

綾織　うーん、それは本当に英雄かどうかは、ちょっと分かりません。

金正恩守護霊　倭寇《わこう》と戦ってきた人たちが数多くいるしねえ。それから、中国の方《かた》でも、反日本の方、反アメリカの方もいるしねえ。まあ、毛沢東《もうたくとう》なんかも、やっぱり、「アメリカの自由にさせてはいかん」と言っているよ。

綾織　ああ、毛沢東？

金正恩守護霊　「アメリカの自由にはさせてはいかん」と。うん。

綾織　「アメリカの自由にさせてはいけない」と？

金正恩守護霊　「北朝鮮までアメリカの勢力圏になったら危険だ。次は中国が危険になる」ということで、「何としても、朝鮮半島に対する軍事的なデモンストレーションは必要だ」と言ってるなあ。うん。

大川裕太　「唇歯《しんし》の関係」ですからねえ。

金正恩守護霊　うん？

綾織　ヒットラーさんとかは来てますか。

金正恩守護霊　うーん、まあ、ヒットラー、〝弱い〟からなあ。

綾織　弱いですか。

金正恩守護霊　あんな、負けた人のアドバイスはあんまり聞きたくはないけどなあ。「トランプは家族が弱点だ」と繰《く》り返し、甘《あま》く見る金正恩守護霊

里村　今日のそうした、守護霊様の言葉をメッセージとして伝えていくと、トランプ氏など、いろいろな方面に伝わっていくんですけれども……。

金正恩守護霊　怖かっただろう？　怖いだろう。

里村　それで守護霊様としてはよろしいわけですね。今日、お話しになりたかったことは。

金正恩守護霊　うーん、だからねえ、映画の「ゴッドファーザー」っていうの。あるでしょう？

里村　はい。

金正恩守護霊　私も研究してるんだからね。

里村　ほう、ほう。

金正恩守護霊　やっぱりねえ、娘を撃ち殺されるのと、息子《むすこ》を撃ち殺されていくの。やっぱり、これがいちばん怖いんで。ゴッドファーザーであってもな。

綾織　（苦笑）でも、そうなると、トランプさんは、必ず、どこかで、「金正恩委員長を許さない」というふうに考えるしかないですよね。

金正恩守護霊　だから、あいつは家族を愛しすぎてるから、家族が弱点だからね。

里村　いや、ですから、今日の守護霊様のメッセージがいろいろな方面に伝わっていくと、必然的に、北朝鮮に対する包囲網《ほういもう》がもう一段厳しいものになっていくという結果に……。

金正恩守護霊　そんなことないよなあ。単に、トランプの家族だけの問題じゃないの。だから、不動産取引をやっとりゃよかったのよ。それがねえ。

北朝鮮だって、開発させてやるよ。ええ？　利益を食《は》ましてやる。アメリカの資本で北朝鮮の開発だったら、それ、やらして、儲《もう》けさしてやってもいいんだからさ。

里村　ほう。

金正恩守護霊　大統領として、偉《えら》そうに戦争ふっかけてくるなよ。日本のその、〝平和勢力〟の意見をよく聞いて、そういうことは踏《ふ》みとどまるべきだなあ。

綾織　トランプ大統領についての評価がちょっと甘《あま》く見られているなというのは、今日、非常によく分かりました。

金正恩守護霊　いやあ、あの、私みたいに〝インテリ〟でないことは分かってますけどねえ。うーん。だから……。

綾織　大統領がインテリである必要はないと思いますけどね。

金正恩守護霊　ブラフ……、ブラフ男だな。ブラフ男。
だから、オバマはねえ、まあ、ほんと、イエス・キリストみたいな人だからね。

「左の頰《ほお》を打たれたら、右の頰を差し出せ」っていうぐらいの……。

綾織　あなたにとっては、オバマ大統領のときはよかったですよね。

金正恩守護霊　ああ、オバマは〝キリスト〟だなあ。うーん。

里村　仮定の話をすると、去年の一月六日、オバマ大統領の時代に水爆《すいばく》実験をやったと……。

金正恩守護霊　水爆実験やっても、なあんもしないんだもんな。

里村　そう。

金正恩守護霊　ありがたい。

9 「金正恩の正義」対「地球的正義」

トランプ氏の大統領当選で計算違《ちが》いが生じた金正恩の目論見《もくろみ》

里村　逆に、トランプ大統領だったら、水爆《すいばく》実験はなかった？

金正恩守護霊　それは、ちょっと、もう、終わったことだから、そんな言ってもしょうがない。もう、しかたがないので。

里村　いやいや。どうですか？

金正恩守護霊　ええ？　水爆実験をやっても、ヒラリーをまだ応援《おうえん》するアメリカ国民と、アメリカメディア？　まあ、ほんと、日本に似てきたんじゃないか？

里村　いや、ですから、あなた様のちょっと計算違《ちが》いをしたところがですね、「当然、ヒラリーの流れだろう」ということで、水爆実験をやり、SLBMの実験もやり、さらに、弾道《だんどう》ミサイルの実験も重ねたと。それがみんな引っ繰《く》り返ってしまったわけですね。

金正恩守護霊　あんたねえ、漁船に水爆を載《の》せてねえ、それで、あの、何と言うか、時限装置でボタンを押《お》せば爆発するような水爆を漁船に載せて、日本近海をフラフラ泳がしといて、それで、こちらから、「水爆がそれに載ってるから、気ぃつけたほうがいいよ」って言ったら、日本の国はどうなるんだい？　考えてきたことあるか？

里村　いや、日本の海上保安庁も、本当に優秀《ゆうしゅう》な方が多いですから。

金正恩守護霊　新潟《にいがた》あたりが吹《ふ》っ飛ぶぞ！　うん？

里村　そういうところはあるかも分かりません。ただ、それでも、例えば、今のトランプ大統領は、この間、シリア空爆のときに言いました。「正義を行うんだ」と。子供たちをサリンで殺したら。

金正恩守護霊　それね、偽物《にせもの》の正義はいかん。キリスト教に反しているよな？

トランプ大統領は〝西部のガンマン〟になりたがっている？

大川裕太　先ほど、「忍耐強《にんたいづよ》い」とおっしゃっていましたが、あなたの代になって、かなりミサイル実験や核《かく》実験は増えていますよね？

金正恩守護霊　うん。やっぱり若いからね。

大川裕太　実は忍耐強くないのではないですか。

金正恩守護霊　まあ、若いからね。

大川裕太　例えば、「一年間もミサイル実験や核実験をしない」というのは無理なのではないですか、あなたにとって。

金正恩守護霊　しないと何もいいことがないもの、別に。

大川裕太　ミサイル発射や核実験をすると、アメリカが攻撃《こうげき》してくる可能性がありますが、それでも踏《ふ》みとどまれないのですか。

金正恩守護霊　いや、攻撃しないから、アメリカは。

里村　データ的に言うと……。

金正恩守護霊　攻撃したら、いずれにしても百万人が死ぬから。百万人が死ぬけど、歴史上、百万人の人を死なせたアメリカ大統領として名前を遺《のこ》したくはないだろう。

里村　それが弱みだろうと思っていらっしゃるんですね。

金正恩守護霊　今、新大統領になって、みんなが不信感をいっぱい持ってる。だから、何か格好をつけたくて、〝西部のガンマン〟みたいなことをやりたがってるだけで、格好さえつければ、それで済むんだよ。

実際に人を殺したら、非難が出るからねえ。

綾織　ただ、トランプ大統領は、やはり、「地球的正義」の観点を考えていると思います。

金正恩守護霊　そんなこと思ってないよ。金儲《かねもう》けをやってるビジネスマンだろう?

綾織　「あなたは、そう思っていらっしゃる」ということは分かりました。

金正恩守護霊　私は体を張って人民を護《まも》っているから。

金正恩守護霊にとって、今回が「最後の霊言《れいげん》」になるのか

大川裕太　今日のお話を、私たちは、そのままトランプさんに届けることもできますが、彼はもっと怒《おこ》ると思いますよ、そういうご発言を聞いたら。

金正恩守護霊　うーん。まあ、「守護霊なるものが言った」っていうことであって、本人が記者会見したわけではない。

大川裕太　しかし、守護霊様は、もしかすると、今日がお話しされる〝最後の機会〟になるかもしれません。

里村　（笑）

大川裕太　次には、ご本人（金正恩の霊《れい》）が、こちらに来られて話されるかもしれませんので。

金正恩守護霊　……。

綾織　そういうパターンはたくさんあります（笑）。

大川裕太　五月になったら……。

金正恩守護霊　な、何だ？　君、何だね。君……。

大川裕太　はい。

金正恩守護霊　私とそっくりのような顔をしているのに、そんなことを言っていいのか。

綾織　全然違います（笑）。

大川裕太　アメリカのほうでは、現在、金正恩さんの「余命」の計算もしているかと思います。

金正恩守護霊　君ねえ……。君んとこ（東京大学）の先生なんてね、私と意見は変わらないんだよ？　知っているか。

大川裕太　F先生ですか。

金正恩守護霊　そんな人に教わっといてね、君、そんな裏切り行為《こうい》をしていいのか。

大川裕太　F先生の意見は、とりあえず、よろしいんですけれども……。

金正恩守護霊　F先生はねえ、金日成《きんにっせい》軍事総合大学で教えられるぐらい、見識のある方なんだよ。中国でも北朝鮮《きたちょうせん》でも教鞭《きょうべん》を執《と》れるぐらいだね。言葉はしゃべれないけど。

大川裕太　ですが、F先生は為政者ではないので、発言をされても責任があるわけではありません。その意味において、あなたとはだいぶ違いますよね。

金正恩守護霊　いやあ、日本の国際政治（学）の責任者として、やっぱり、その意見は……。

「『ミサイルだけが来る』と思ったら間違《まちが》いだ」

綾織　今日伺《うかが》った話は「本音」というように受け止めますよ？

金正恩守護霊　まあ、本音というか……。

綾織　それでいいわけですね？

金正恩守護霊　まあ、私としては、非常に、モデレート（穏健《おんけん》）っていうか、やわらかく、君たちに分かるような言葉で簡単に分かりやすく話をし、説得しようと試みたということで……。

「被害《ひがい》が出るから、私たちの言うようにしたほうがいい。譲歩《じょうほ》するのがいちばんの得策だ」っていうことをお教えしたわけですね。「利害関係から考えても、私の言っていることのほうがいいよ」と。

「トランプさん、私は（映画の）『ゴッドファーザー』も観《み》ていますよ。家族を失うゴッドファーザーの苦しみを知っていますよ。あなた、気をつけたほうがいいよ。フロリダなんかでウロウロしているけど、あのへんにはマフィアがいっぱいいますよ」と言っただけですから。

綾織　「脅迫状《きょうはくじょう》を届けに来た状態だ」というのは分かりました。

金正恩守護霊　「安倍《あべ》さんも、奥《おく》さんが私人だと危険ですね？」って言っただけですから。ええ。「『ミサイルだけが来る』と思ったら間違《まちが》いですよ」って。

「『強大な力』と戦う」には、これしかない？

里村　守護霊様、私のほうから最後に言いたいことがあります。

私たちは、やはり、「地球的正義」というか、そういうものが行われるべきだと考えております。

「家族の命を狙《ねら》う」、あるいは、「その国の国民の命や財産を狙う」ということでもって利益を引き出そうとする考え方は、正義には適《かな》っていないのではないかと私たちは思うのです。

金正恩守護霊　いや、そんなことはないんじゃないの？　自分たちが強大な力を誇《ほこ》っているところと戦うためには、それはしかたがないんじゃないの？

里村　「力の明らかな違い」は認めるわけですね？

金正恩守護霊　うーん。まあねえ、（向こうには）金もあるし、軍事力も蓄積《ちくせき》したものがそうとうあるから……。世界を何回でも皆殺《みなごろ》しにできるぐらいの軍事力を持っているんだからなあ。
そういうところと戦うためには、「アリババと四十人の盗賊《とうぞく》」みたいにやるしかないだろう。それでベトナムは（アメリカに）勝ったんじゃないか。

綾織　今日、そのようにおっしゃったこと、その言葉は、おそらく、ご自身に返ってくると思います。

大川裕太　「あなた様一人が亡《な》くなれば、世界が平和になる」というように……。

金正恩守護霊　そんなわけがないでしょ。そんなことはない。

綾織　それをトランプさんが決断すると思います。

「私は人民に百パーセント愛されている」

金正恩守護霊　私は人民に愛されているから。トランプさんには支持率が三十何パーセントしかない。

大川裕太　あなたも愛されていないのですが。

金正恩守護霊　私は「百パーセント愛されている」と思っています。

大川裕太　いや、北朝鮮《きたちょうせん》には「三匹《びき》のクマ」という有名な替《か》え歌があって、「祖父と父とあなた様だけが太って、人民は飢《う》えている」というようなことが歌われています。

金正恩守護霊　そういうことは外国のスパイが流しているに違いない。

里村　秘密投票ができないんですよ、北朝鮮では。全部、記名投票なんですよ。だから、「誰《だれ》が誰に何を書いたか」が分かるので……。

金正恩守護霊　百パーセントの支持ですから。あんなね、三分の一（の支持率）しかない大統領と一緒《いっしょ》にされたら……。

だから、民主主義的にもトランプの判断は逆なのよ。

トランプが情けないのを見て、そのうち、プーチンも、習近平《シージンピン》も、話し合って、「われわれで、もう世界を動かしていこう」と、たぶん考えるんじゃないかなあ。

綾織　いや（笑）、そんなことはありません。

大川裕太　習近平やプーチンとあなたでは力量が違いすぎるのではないですか。

金正恩守護霊　まあ、変わらないでしょう。「私がちょっと若い」っていう……。

大川裕太　いやいやいや。

金正恩守護霊　「若いから、未来はある」っていう……。

綾織　今日、お話を伺って、「トランプ大統領も、国際社会も、正義に基《もと》づいて判断するだろうな」ということを……。

大川裕太　そうですね。確信いたしました。

綾織　もう、それ以外にないと思います。

金正恩守護霊　私は、国や国民を、体を張って護っているんだよ。

綾織　いやいや（笑）。

里村　国民を盾《たて》にしているんじゃないですか。

金正恩守護霊　いやあ、まあ、それもあるけれども……。

綾織　もう本当に包囲網《ほういもう》が狭《せば》まっていて、非常に危険な状態であり、まさに「危機の中の北朝鮮」ですので、早く帰られたほうが……。

金正恩守護霊からの〝全世界への最後のメッセージ〟

大川裕太　では、守護霊様として、全世界への「最後のメッセージ」をお願いいたします。おそらく、次には……。

金正恩守護霊　さ、「最後」って……。それ、言い方が悪いんじゃない？

大川裕太　次には、ご本人が話してくださいますので。

金正恩守護霊　予言者みたいな言い方……。最後の？

まあ、「北朝鮮の『主体思想《しゅたい》』をね、やっぱり、主体性がない韓国《かんこく》や日本、台湾《たいわん》にも広げていきたい」と思っておるから。「この思想こそ、マルクス（思想）の次に世界を率《ひき》いる思想だ」と思うから、金をいっぱい使ってエネルギーのロスばっかり多い議会制民主主義なんてやめて、やっぱり、強力なリーダーが主体思想で人民を引っ張っていく、明るい地球の未来をつくりたい！
これが、私の〝吉田松陰《よしだしょういん》精神〟だなあ。

里村　（苦笑）いやいやいやいや。

綾織　日本としての主体性を取り戻《もど》すのが、吉田松陰精神ですので、それを私どもはやってまいります。

何度でもプレッシャーをかけに来るつもりでいる金正恩守護霊

金正恩守護霊　君らは、どうせ、「宗教が北朝鮮とつるんでいる」と思われて、もう最後になるかもしらんから。これが〝最後の守護霊霊言《れいげん》〟だわ、たぶん。

里村　いや、とんでもないことです。

大川裕太　そんなことはございません。

金正恩守護霊　（綾織に）君なんか、「実は北朝鮮が送り込《こ》んでいるスパイじゃないか」みたいな……。

綾織　あなたにとって「最後のとき」だと思います。

里村　われわれの普段《ふだん》の行動を見ていていただければ、「そうではない」ということが分かりますし、日本人もみなさん、そのくらいは分かっていますから。

金正恩守護霊　そうかなあ。

里村　はい。

金正恩守護霊　君のところは、「朝日新聞の前でよく街宣をする」ということで有名だから、「ほんとはツーツーなんだ」という話もあるんじゃないかあ。

里村　（笑）いろいろなところに実際に信者さんがおられます。いろいろなところに仲間はおります。

大川裕太　今日は、非常に参考になるお話をありがとうございました。

綾織　ありがとうございました。

金正恩守護霊　何度でもプレッシャーをかけに来るつもりでいるからなあ。

里村　ああ、そうですか。

綾織　ぜひ一日でも長く生きてください。

大川裕太　ありがとうございました。

10　金正恩よ、〝無血開城〟を選択《せんたく》せよ

以前の霊言《れいげん》と同じトーンだった金正恩守護霊

大川隆法　（手を二回叩《たた》く）「情に訴《うった》えるつもりだったのに、話してみたら、以前（の霊言）と同じだった。特に変わらなかった」という……。

綾織　今までのトーンとあまり変わらない話し方ですね。

大川隆法　「情で揺《ゆ》さぶるのだろうな。泣きを入れてくるだろう」と思ったのですが、話してみたら以前と同じでしたね。特に変わってはいません。

綾織　「これ以外にやりようがない人」なのかもしれません。

大川裕太　そうかもしれないですね。

大川隆法　でも、こういう姿勢を示さないかぎり、逆に暗殺されてしまうのではないでしょうか。

綾織　ああ、それを恐《おそ》れて……。

大川隆法　強い姿勢を見せないかぎり、暗殺されてしまうのでは。おそらく、逃《に》げたら殺《や》られてしまうのではないでしょうか。

里村　ええ。

大川隆法　これがもしかしたら、〝遺言《ゆいごん》〟になるかもしれません。

北朝鮮《きたちょうせん》は、日本と韓国《かんこく》に「宥和《ゆうわ》姿勢」を取るトップを望んでいる

綾織　最後に、かっこいいところを見せる……。

大川隆法　大国と競争しているところを見せようとしているけれども、「七十年以上前の日本帝国《ていこく》海軍や陸軍に比べても弱いのではないか」と思います。「継戦《けいせん》能力が、どの程度あるか」を考えたら。

前の朝鮮《ちょうせん》戦争のときには、中国からそうとうなだれ込んできたけれども、今は、中国が三十八度線でアメリカ軍と戦うとは思えません。今、西側のほうにやや寄っている状況《じょうきょう》です。

プーチンは少しは何かを言うかもしれませんが、即《そく》戦争をしたいほどには、今、

ロシアは強くありません。ロシアの経済が少し弱っているからです。

綾織　そうですね。

大川隆法　ロシアも〝脱出口《だっしゅつこう》〟を設《もう》けたいところではあるんですね。「日本の経済」を狙《ねら》っているのは、どこも同じでしょうけど。

北朝鮮としては、日本経済と何とかつながりをつくって、国を豊かにできたらいいわけですから、本当に岸田《きしだ》さんあたりが総理になってくれるのを願っているのかもしれません。

大川裕太　（笑）そうですね。

大川隆法　日本と韓国《かんこく》の両方で「宥和《ゆうわ》姿勢」の人がトップになったら、急に変わる可能性があるので、「もう少し粘《ねば》れないかなあ」と思っているところかもしれません。

「トランプ大統領の腹はもう決まっている」のではないか

大川隆法　ただ、やはり、「トランプ大統領は今までの人とは少し違《ちが》うのではないか」と。

大川裕太　そうですね。はい。

大川隆法　やっぱり「速い」ですよね。判断が速いので、「腹はもう決まっているのではないか」と思います。

トランプさんの守護霊霊言《れいげん》を収録してもよいのですが。（北朝鮮では）近いうちに記念日が幾《いく》つかあるようなので、そのあたりをどう通り越《こ》すか。この若い指導者の胆力《たんりょく》で、一カ月もミサイルを撃《う》たずに我慢《がまん》できるか、核実験《かく》をしないで我慢できるか、見たいところです。

綾織　はい。

大川隆法　これをやったら、どうなるでしょうか。（アメリカは）何から攻《せ》めるでしょうか。おそらく、それには、（アメリカにとって）中国への威嚇《いかく》も含《ふく》んでいるだろうと思います。中国とロシアに対する威嚇を含んだものになるでしょう。

「北朝鮮に対しても、この程度のことはやりますよ」というのを見せることには、「おまえらだったら、どんなことになるか」という、中国とロシアに対する威嚇を含んでいるでしょうから、「予想外に素早《すばや》く、大きなイメージの残る攻撃《こうげき》をかける可能性が高い」と私は思っています。

これには、北朝鮮だけではなく、ほかのところへの威嚇がおそらく入っているので、少なくとも、アメリカの威信が確立するようなことは今も考えていると思います。

この事態収拾のために狙《ねら》うべき「落としどころ」とは

大川隆法　空母二隻《せき》を北朝鮮沖《おき》に並べられたら、（金正恩は）もう眠《ねむ》れなくなるとは思います。

両国の兵器格差がどの程度あるか、まだ十分には分かっていないのではないでしょうか。

ミサイルを打ち上げてすぐに爆発《ばくはつ》したら、アメリカであれば本当に恥《はじ》です。それは世界中に知られるからですが、（北朝鮮のように）情報管制が効いている国では、そういうことをあまり恥と思っていないところがあります。

たぶん、もう、トランプさんの言うことは一つでしょう。「武器を捨てよ」ということでしょうね。

ですから、「『核兵器を捨てる』と決断し、査察を受け入れて、（核兵器を）ゼロにする」ということと、「政権が生存できるかどうか」という条件とをかかわらせてくるだろうと思います。

損得で考えれば、これはもう、〝無血開城〟風に、核兵器を断念するべきです。通常兵器ぐらいは残るかもしれませんが、核兵器を断念し、査察を受け入れて、「その代わり、経済的な面については支援《しえん》をしてほしい」というぐらいのところを「落としどころ」として狙《ねら》うべきでしょう。

それが、責任ある者の態度ではないかと思います。

里村　はい。

大川隆法　だから、「負け」は「負け」で、早めに認めたほうがよいのではないでしょうか。アメリカと全面核戦争をするのだったら、これは本当に「国がなくなる」ということを意味すると思うので、賢明《けんめい》な判断をお勧《すす》めしたいと考えています。

里村　はい。

大川隆法　では（手を一回叩く）。

質問者一同　ありがとうございました。

あとがき

私はかつて、ベルリンの壁が崩壊するシーンを目にし、ジェット機で旧ソ連邦上空を飛んでいる最中に、実際に眼下でソ連邦崩壊が起きたことを知った世代である。

世界史の転換点は、ある日、あっという間に訪れる。

現代史の未来を予測するには一つの法則がある。「政府の内情と、政府が国民に対して実際にやっていることを情報公開し、多様な価値観の表明を許せば、崩壊してしまう国家」なら、いずれ崩壊するということだ。

ジョージ・オーウェルの『動物農場』風に言うなら、悪い人間どもを追い出して、動物たちの平等と平和が訪れたと思えても、いずれ悪い豚の独裁が行われる。また体制の維持だけを「正義」に見立てても、いずれ「テレスクリーン」で監視される「恐怖の時代」が『一九八四年』風に出現する。

流れる水は腐《くさ》らない。コツコツと正確に、時代と社会を彫刻《ちょうこく》していくことしかないのだ。

二〇一七年　四月二十一日

幸福《こうふく》の科学《かがく》グループ創始者兼総裁《そうししゃけんそうさい》　大川隆法《おおかわりゅうほう》

『危機の中の北朝鮮　金正恩の守護霊霊言』大川隆法著作関連書籍

『北朝鮮・金正恩はなぜ「水爆実験」をしたのか』（幸福の科学出版刊）

『北朝鮮　崩壊へのカウントダウン　初代国家主席・金日成の霊言』（同右）

『温家宝守護霊が語る　大中華帝国の野望
——同時収録　金正恩守護霊インタヴュー——』（幸福実現党刊）

『北朝鮮——終わりの始まり——』（同右）

『守護霊インタビュー　金正恩の本心直撃！』（同右）

危機《きき》の中《なか》の北朝鮮《きたちょうせん》　金正恩《キムジョンウン》の守護霊霊言《しゅごれいれいげん》

2017年4月22日　初版第1刷

著　者　　大《おお》　川《かわ》　隆《りゅう》　法《ほう》

発行所　　幸福の科学出版株式会社

〒107-0052 東京都港区赤坂2丁目10番14号
TEL(03)5573-7700
http://www.irhpress.co.jp/

印刷・製本　株式会社 研文社

落丁・乱丁本はおとりかえいたします

ISBN978-4-86395-907-1 C0030
カバー写真：朝鮮通信＝時事／EPA ＝時事

大川隆法霊言シリーズ・金正恩の本心を探る

北朝鮮・金正恩はなぜ「水爆実験」をしたのか

緊急守護霊インタビュー

2016年の年頭を狙った理由とは？ イランとの軍事連携はあるのか？ そして今後の思惑《おもわく》とは？ 北の最高指導者の本心に迫る守護霊インタビュー。

1,400円

守護霊インタビュー 金正恩の本心直撃！

ミサイルの発射の時期から、日米中韓への軍事戦略、中国人民解放軍との関係——。北朝鮮指導者の狙いがついに明らかになる。【幸福実現党刊】

1,400円

北朝鮮 —終わりの始まり—

霊的真実の衝撃

「公開霊言」で明らかになった北朝鮮の真実。金正日が自らの死亡前後の状態を、後継者・金正恩の守護霊が今後の野望を語る。【幸福実現党刊】

1,300円

※表示価格は本体価格（税別）です。

大川隆法 ベストセラーズ・地球的正義の実現を目指して

トランプ新大統領で世界はこう動く

英語説法
日本語訳付き

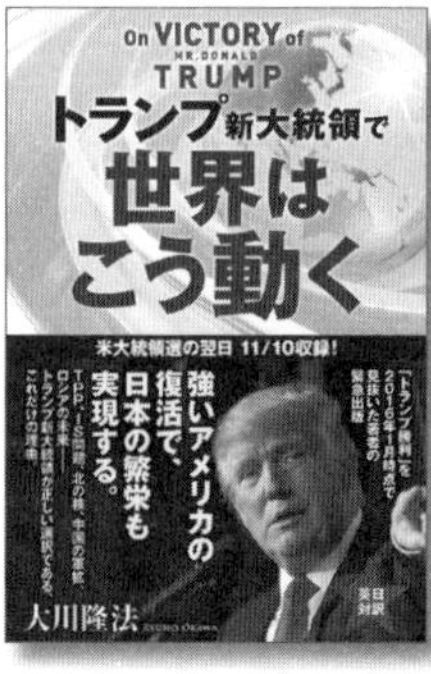

日本とアメリカの信頼関係は、再び"世界の原動力"となる——。トランプ勝利を2016年1月時点で明言した著者が示す2017年以降の世界の見取り図。

1,500円

繁栄への決断

「トランプ革命」と日本の「新しい選択」

ＴＰＰ、対中戦略、ロシア外交、ＥU危機……。「トランプ革命」によって激変する世界情勢のなか、日本の繁栄を実現する「新しい選択」とは?

1,500円

世界を導く日本の正義

20年以上前から北朝鮮の危険性を指摘してきた著者が、抑止力としての日本の「核装備」を提言。日本が取るべき国防・経済の国家戦略を明示した一冊。

1,500 円

※表示価格は本体価格(税別)です。

大川隆法シリーズ・**最新刊**

渡部昇一
日本への申し送り事項
死後21時間、復活のメッセージ

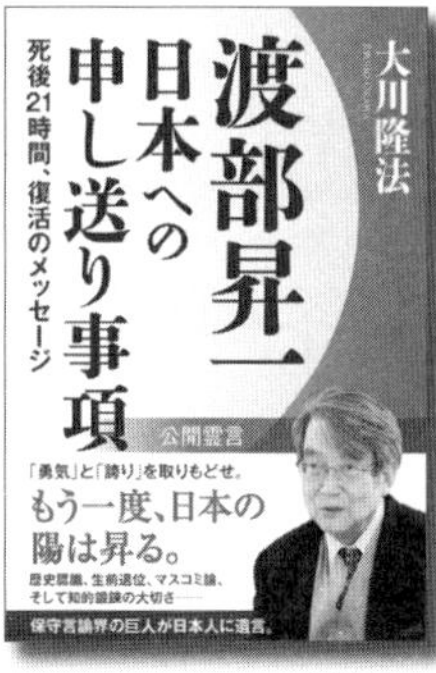

「知的生活」の伝道師として、また「日本の誇りを取り戻せ」運動の旗手として活躍してきた「保守言論界の巨人」が、日本人に託した遺言。

1,400円

広瀬すずの守護霊☆霊言

守護霊から見た「広瀬すずの現在《いま》」、若くして成功する秘訣、そしてスピリチュアルな秘密まで、〝10代最強〟のアカデミー賞女優の素顔に迫る。

1,400円

女優・宮沢りえの
守護霊メッセージ
神秘・美・演技の世界を語る

神秘的な美をたたえる女優・宮沢りえ——。その「オーラの秘密」から「仕事論」まで、一流であり続けるための人生訓がちりばめられた一冊。

1,400円

大川隆法「法シリーズ」・**最新刊**

伝道の法

法シリーズ
第23作

人生の「真実」に目覚める時

人生の悩みや苦しみは
どうしたら解決できるのか。
世界の争いや憎しみは
どうしたらなくなるのか。
ここに、ほんとうの「答え」がある。

2,000円

第１章　心の時代を生きる　―― 人生を黄金に変える「心の力」
第２章　魅力ある人となるためには ―― 批判する人をもファンに変える力
第３章　人類幸福化の原点　―― 宗教心、信仰心は、なぜ大事なのか
第４章　時代を変える奇跡の力 ―― 危機の時代を乗り越える「宗教」と「政治」
第５章　慈悲の力に目覚めるためには ―― 一人でも多くの人に愛の心を届けたい
第６章　信じられる世界へ ―― あなたにも、世界を幸福に変える「光」がある

幸福の科学出版

※表示価格は本体価格（税別）です。

運命を変える、
もうひとつの世界。
君のまなざし
製作総指揮・原案／大川隆法
梅崎快人 水月ゆうこ 大川宏洋 手塚理美 黒沢年雄 黒田アーサー 日向丈 長谷川奈央 合香美希 春宮みずき
（特別出演）
監督／赤羽博 総合プロデューサー・脚本／大川宏洋 音楽／水澤有一 製作・企画／ニュースター・プロダクション 制作プロダクション／ジャンゴフィルム
配給／日活 配給協力／東京テアトル ©2017 NEW STAR PRODUCTION
5.20(土) ROADSHOW

幸福の科学グループのご案内

宗教、教育、政治、出版などの活動を通じて、地球的ユートピアの実現を目指しています。

幸福の科学

一九八六年に立宗。信仰の対象は、地球系霊団の最高大霊、主エル・カンターレ。世界百カ国以上の国々に信者を持ち、全人類救済という尊い使命のもと、信者は、「愛」と「悟り」と「ユートピア建設」の教えの実践、伝道に励んでいます。

（二〇一七年四月現在）

愛

幸福の科学の「愛」とは、与える愛です。これは、仏教の慈悲《じひ》や布施《ふせ》の精神と同じことです。信者は、仏法真理をお伝えすることを通して、多くの方に幸福な人生を送っていただくための活動に励んでいます。

悟り

「悟り」とは、自らが仏の子であることを知るということです。教学《きょうがく》や精神統一によって心を磨き、智慧《ちえ》を得て悩みを解決すると共に、天使・菩薩《ぼさつ》の境地を目指し、より多くの人を救える力を身につけていきます。

ユートピア建設

私たち人間は、地上に理想世界を建設するという尊い使命を持って生まれてきています。社会の悪を押しとどめ、善を推し進めるために、信者はさまざまな活動に積極的に参加しています。

国内外の世界で貧困や災害、心の病で苦しんでいる人々に対しては、現地メンバーや支援団体と連携して、物心両面にわたり、あらゆる手段で手を差し伸べています。

年間約３万人の自殺者を減らすため、全国各地で街頭キャンペーンを展開しています。

公式サイト **www.withyou-hs.net**

ヘレン・ケラーを理想として活動する、ハンディキャップを持つ方とボランティアの会です。視聴覚障害者、肢体不自由な方々に仏法真理を学んでいただくための、さまざまなサポートをしています。

公式サイト **www.helen-hs.net**

INFORMATION

お近くの精舎・支部・拠点など、お問い合わせは、こちらまで！

幸福の科学サービスセンター

TEL. 03-5793-1727（受付時間 火〜金：10〜20時／土・日・祝日：10〜18時）

幸福の科学 公式サイト happy-science.jp

ハッピー・サイエンス・ユニバーシティ

Happy Science University

教育

ハッピー・サイエンス・ユニバーシティとは

ハッピー・サイエンス・ユニバーシティ（HSU）は、大川隆法総裁が設立された「現代の松下村塾」であり、「日本発の本格私学」です。

建学の精神として「幸福の探究と新文明の創造」を掲げ、チャレンジ精神にあふれ、新時代を切り拓く人材の輩出を目指します。

学部のご案内

人間幸福学部

人間学を学び、新時代を切り拓くリーダーとなる

経営成功学部

企業や国家の繁栄を実現する、起業家精神あふれる人材となる

未来産業学部

新文明の源流を創造するチャレンジャーとなる

HSU長生キャンパス
〒299-4325
千葉県長生郡長生村一松丙 4427-1
TEL **0475-32-7770**

未来創造学部

時代を変え、未来を創る主役となる

政治家やジャーナリスト、ライター、俳優・タレントなどのスター、映画監督・脚本家などのクリエーター人材を育てます。4年制と短期特進課程があります。

・4年制
1年次は長生キャンパスで授業を行い、2年次以降は東京キャンパスで授業を行います。

・短期特進課程（2年制）
1年次・2年次ともに東京キャンパスで授業を行います。

HSU未来創造・東京キャンパス
〒136-0076
東京都江東区南砂2-6-5
TEL **03-3699-7707**

学校法人
幸福の科学学園

学校法人　幸福の科学学園は、幸福の科学の教育理念のもとにつくられた教育機関です。人間にとって最も大切な宗教教育の導入を通じて精神性を高めながら、ユートピア建設に貢献する人材輩出を目指しています。

幸福の科学学園

中学校・高等学校（那須本校）
2010年4月開校・栃木県那須郡（男女共学・全寮制）
TEL　**0287-75-7777**
公式サイト　**happy-science.ac.jp**

関西中学校・高等学校（関西校）
2013年4月開校・滋賀県大津市（男女共学・寮及び通学）
TEL　**077-573-7774**
公式サイト　**kansai.happy-science.ac.jp**

仏法真理塾「サクセスNo.1」　TEL　**03-5750-0747**（東京本校）
小・中・高校生が、信仰教育を基礎にしながら、「勉強も『心の修行』」と考えて学んでいます。

不登校児支援スクール「ネバー・マインド」　TEL　**03-5750-1741**
心の面からのアプローチを重視して、不登校の子供たちを支援しています。
また、障害児支援の**「ユー・アー・エンゼル!」運動**も行っています。

エンゼルプランV　TEL　**03-5750-0757**
幼少時からの心の教育を大切にして、信仰をベースにした幼児教育を行っています。

シニア・プラン21　TEL　**03-6384-0778**
希望に満ちた生涯現役人生のために、年齢を問わず、多くの方が学んでいます。

学校からのいじめ追放を目指し、さまざまな社会提言をしています。また、各地でのシンポジウムや学校への啓発ポスター掲示等に取り組む一般財団法人「いじめから子供を守ろうネットワーク」を支援しています。

公式サイト　**mamoro.org**
ブログ　**blog.mamoro.org**
相談窓口　**TEL.03-5719-2170**

幸福実現党 釈量子サイト
shaku-ryoko.net

Twitter
釈量子@shakuryoko
で検索

党の機関紙
「幸福実現NEWS」

政治

幸福実現党

内憂外患《ないゆうがいかん》の国難に立ち向かうべく、二〇〇九年五月に幸福実現党を立党しました。創立者である大川隆法党総裁の精神的指導のもと、宗教だけでは解決できない問題に取り組み、幸福を具体化するための力になっています。

幸福実現党 党員募集中

あなたも幸福を実現する政治に参画しませんか。

- 幸福実現党の理念と綱領、政策に賛同する18歳以上の方なら、どなたでも党員になることができます。
- 党員の期間は、党費(年額 一般党員5千円、学生党員2千円)を入金された日から1年間となります。

党員になると

党員限定の機関紙が送付されます。
(学生党員の方にはメールにてお送りします)

申込書は、下記、幸福実現党公式サイトでダウンロードできます。
住所:〒107-0052　東京都港区赤坂2-10-86階 幸福実現党本部
TEL **03-6441-0754**　FAX **03-6441-0764**
公式サイト **hr-party.jp**　若者向け政治サイト **truthyouth.jp**